Klaus Lange
Wie du denkst, so lebst du

Klaus Lange

Wie du denkst, so lebst du

Konflikte lösen durch innere Erfahrungen

Kreuz

Inhalt

Vorwort

In der Geschichte der Menschheit haben sich viele mit den interessanten und faszinierenden Zuständen und Vorgängen des Denkens beschäftigt. Auch aus der fernen Vergangenheit gibt es Schriften und Bücher zu diesem Thema. Bis in unsere Gegenwart wird der menschliche Geist von Philosophen, Psychologen, Medizinern und Theologen dargestellt und analysiert.

In vielen dieser Betrachtungen geht es darum, allgemeine und grundlegende Aussagen über derartige Zustände und Vorgänge zu machen, die sich in jedem Menschen abspielen.

Mit dem vorliegenden Buch erweitere ich solche Betrachtungen jedoch nicht um eine neue Variante. Mir geht es vielmehr darum, ganz persönliche Erfahrungen mit dem eigenen Geist zu vermitteln. Dabei empfinde ich mich durchaus in der Tradition moderner Wissenschaften, in denen Experimente und Erfahrungen im Mittelpunkt stehen. Im Gegensatz dazu interessiert mich jedoch nicht das, was allgemein gilt, sondern das, was in jedem Einzelnen ganz individuell zu erfahren ist.

Seit 1980 mache ich Erfahrungen in meiner inneren Welt. Ich habe seitdem unzählige Experimente mit mir gemacht und sehr viele Menschen einzeln und in Gruppen durch ihre persönlichen inneren Erfahrungen begleitet.

In mir und vor mir hat sich damit eine Welt eröffnet, von der ich früher nichts wusste und die bis heute von vielen Menschen bei uns als nicht »real« und wesentlich angesehen wird.

Mit jeder solcher Erfahrung ist mir bewusster geworden, dass jeder Mensch aus diesem »Reich, das nicht von dieser Welt ist«, lebt und handelt. Für mich ist es seit den ersten zaghaften Versuchen ein faszinierender und erfüllender Weg geworden, der nicht nur meine Weltanschauung, sondern auch den Zugang zu meinem Körper und meinen Gefühlen sowie meinen Umgang mit anderen Menschen erheblich verändert hat.

Inzwischen habe ich zwei Bücher über solche inneren Erfahrungen geschrieben: »Herz, was sagst du mir?« und »Bevor du sterben willst, lebe!«*) In ihnen erzähle ich viele Geschichten, die ich erlebt oder miterlebt habe, um den Leser zu eigenen Erfahrungen zu ermutigen.

Das Buch, das Sie jetzt in Ihrer Hand haben, sehe ich als Quintessenz meiner bisherigen Erfahrungen an.

Ich danke den vielen Menschen, die sich mir anvertraut haben. Ohne sie hätte ich nie erfahren, dass dieser Weg nach innen für fast alle so hilfreich und wirkungsvoll ist.

Ich danke auch meiner Lektorin, Frau Hildegunde Wöller, und dem Kreuz Verlag, die mich gefördert und ermutigt haben, meine Erfahrungen in die Öffentlichkeit zu bringen.

Klaus Lange, Hamburg, Frühjahr 2000

*) Beide Bücher sind im Kreuz Verlag, Stuttgart, erschienen. Sie können über den Buchhandel bezogen werden.

Ein Weg innerer Erfahrungen

In diesem Buch geht es um die Möglichkeit ganz persönlicher Erfahrungen. Die können einem helfen, Vertrauen zur eigenen inneren Welt zu gewinnen, in der man nicht nur geistige Vorgänge, sondern auch Gefühle und körperliche Vorgänge und Zustände erleben kann.

Für mich ist es wichtig, die von mir empfohlenen und vermittelten inneren Erfahrungen als einen (spirituellen oder religiösen) inneren Weg zu sehen. Es geht vor allem darum, »das Reich, das nicht von dieser Welt ist« zu erfahren. Das ist die eigentliche Aufgabe jeder Religion. Die »Mystik« ist die Praxis der Erfahrung der Welt, die »hinter der materiellen Welt« liegt. Die findet man am einfachsten im eigenen Inneren. Das wird von den Priestern mystischer Religionen gelebt und weitergegeben.

In den Kirchen des christlichen Abendlandes ist – aus meiner Sicht – die Mystik weitgehend verloren gegangen. Es gibt kaum noch christliche Priester, die sich durch Meditation oder Exerzitien in der inneren Welt auskennen. Christliche Mystiker früherer Jahrhunderte dagegen schildern in ihren Überlieferungen Erfahrungen, die mir vertraut sind und die jeder Mensch in ganz ähnlicher Weise in sich finden kann.

Die Beschäftigung mit der inneren Welt ist nichts Ungewöhnliches oder Abgehobenes. Denn jeder Mensch lebt immer auch in seinem Inneren. Jeder spürt seine innere Welt immer wieder, zum Beispiel in seinen Gedanken, Erinnerungen, aber auch Visionen und Träumen. Die meisten seiner Verhaltensweisen kommen von innen.

In der bei uns üblichen Weltanschauung empfindet man diese Zustände oder Vorgänge jedoch als wesentlich weniger bedeutsam als die äußere Welt, die man als eigentliche »Realität« ansieht. Die innere Welt berührt den Menschen immerzu mehr oder weniger deutlich. Das drückt sich in Sehnsüchten aus, die ich als

Rufe von innen erlebe. Es sind die Sehnsüchte, sich kennen zu lernen, Vertrauen zu gewinnen, sich in einem größeren Zusammenhang zu erleben und Erlösung und Heil zu finden.

Dass das heutige Christentum solche Bedürfnisse nicht mehr erfüllt, zeigt sich an den vielen Menschen, die sich von den Kirchen zurückziehen. Zum Teil wenden sie sich anderen Religionen zu, zum Beispiel dem Buddhismus oder Hinduismus. Sie begeben sich aber auch in spirituelle oder esoterische Kreise, um dort zu finden, wonach sie sich sehnen. Leider weiß kaum jemand bei uns, wie einfach es ist, sich in seinem Inneren zu erfahren und dadurch mehr Vertrauen zu sich zu gewinnen.

Bei uns verwechselt man häufig einen inneren Weg mit einer Therapie. Dass durch mehr Beziehung nach innen und mehr Vertrauen zum eigenen Leben therapeutische Wirkungen entstehen können, ist selbstverständlich. Kennt man sich besser, wird das Leben sicher ein bisschen angenehmer und leichter. Ein innerer Weg bedeutet für mich: Der Mensch folgt seinen Sehnsüchten nach innen auf der Suche nach dem Heil. Er empfindet sich als Wesen oder Seele und erfährt, dass er auf der Erde lebt, um hier Erfahrungen zu machen.

Ein Mensch vertraut sich einem Therapeuten an, wenn er Leiden vermindern oder überwinden will. Der Therapeut benutzt seine Kenntnisse und Fähigkeiten, dieses Ziel zu erreichen. In der Medizin geschieht das sehr häufig ohne direkte Mitwirkung des Patienten, der behandelt wird. In den üblichen psychotherapeutischen Verfahren geht es nicht darum, dem Menschen einen übergeordneten Zusammenhang und vielleicht eine andere Weltanschauung zu vermitteln. Es gibt zwar alternative Therapien, in denen das mehr integriert ist. Sie werden jedoch häufig von unserem Gesundheitssystem nicht anerkannt.

Für einen inneren Weg braucht man keine Ausbildung. Man kann allein gehen, man kann sich aber auch unterstützen lassen. Auf manchen definierten religiösen Wegen, zum Beispiel im Buddhismus, gibt es Lehrer und viele Einzelheiten, die man systematisch lernt, um sie in der Praxis innerlich zu erfahren.

Ich bin in einer ganz atheistischen Familie aufgewachsen. Meine Eltern hatten sich in den zwanziger Jahren aus politischen

Gründen von der Kirche zurückgezogen und dabei eine starke Abneigung gegen Kirche und »Pfaffen« entwickelt.

Meine Sehnsüchte haben mich dazu gebracht, mich mit verschiedenen östlichen Religionen – ziemlich oberflächlich – zu beschäftigen. Reisen nach Asien, vor allem nach Indien, haben mir deutlich gemacht, dass es ganz andere Weltanschauungen gibt als die bei uns übliche. Ich habe buddhistisch meditiert, habe etliche religiöse Lehrer kennen gelernt, verschiedene »Geistheiler« erlebt und einem Reinkarnationstherapeuten zugehört. Außerdem habe ich mich ein bisschen mit Astrologie, Tarot und I-Ging beschäftigt.

Das alles hat dazu geführt, dass ich mich entschlossen habe zu glauben: »Die westliche Weltanschauung ist nicht falsch, sie ist nur sehr begrenzt. Es gibt offensichtlich viele Zustände und Vorgänge auf der Erde und im Geist, die man mit unseren Vorstellungen nicht erfassen und begründen kann.« Das war die Grundlage meiner inneren Experimente mit mir und inzwischen mit vielen Menschen.

Meine Art der inneren Erfahrungen habe ich von niemandem gelernt. Ich habe mit einigen Freunden mehrfach einen Reinkarnationstherapeuten besucht, der Ausbildungsseminare für Heilpraktiker anbot. Er führte sein Verfahren an Teilnehmern vor, die sich in der Gruppe freiwillig zur Verfügung stellten. Der Inhalt der miterlebten Erfahrungen hat mich berührt. Noch mehr war ich jedoch beeindruckt von der Einfachheit, mit der die Menschen mit ihrem Inneren Kontakt aufnehmen konnten.

Meine Freunde und ich entschlossen uns daher schon nach dem ersten Wochenendseminar bei dem Reinkarnationstherapeuten, das selbst auszuprobieren. Wir machten keine Reisen in frühere Leben, sondern tauchten mit viel Angst und Unsicherheit in uns bisher unbekannte Bereiche der eigenen inneren Welt ein. Das hat uns alle sehr tief berührt. Als wir uns nach einigen Monaten trennten, habe ich solche Erfahrungen auch mit anderen Menschen fortgesetzt.

Inzwischen haben die inneren Erfahrungen mein Leben und das vieler anderer Menschen, die zu mir gekommen sind, erheblich verändert.

Aus meinen vielen Erfahrungen habe ich folgende Grundsätze für meinen inneren Weg entwickelt:

- Jeder Mensch ist eine Seele oder ein Wesen und existiert auf allen möglichen Ebenen, ganz unabhängig davon, ob er sich dessen bewusst ist oder nicht.
- Jeder ist »vollkommen« in dem Sinne, dass er alles in sich hat. Der Körper ist vollkommen in seiner Vielfalt, so dass er dem Menschen ein Leben auf der Erde ermöglicht. Es gibt jedes Gefühl in einem, auch wenn man die meisten nicht spürt. Und der eigene Geist ist vollkommen in seiner Unermesslichkeit.
- Jeder lebt von innen und macht genau die Erfahrungen, die ihm entsprechen.
- Auf einem inneren Weg kann man einen Menschen nur unterstützen, indem man ihm hilft, sich selbst besser kennen zu lernen. Man muss nicht wissen, wohin er gehen soll oder was er vermeiden muss. Man ermutigt ihn, auf allen Ebenen achtsamer und bewusster mit sich umzugehen.
- Begleitet man jemanden nach innen, kann man sich von seinen Themen im eigenen Inneren berühren lassen und sich selbst erfahren. Innere Begleitungen werden damit zu einem Teil des eigenen inneren Weges. Man tut es auch für sich und nicht nur für den anderen.

Bietet sich jemand in meinem Sinne zu inneren Begleitungen von anderen Menschen an, so unterstelle ich, dass er ähnliche Vorstellungen hat wie ich.

Man kann natürlich auch einmal jemanden beiläufig ermutigen, mit einem Teil des Körpers oder mit einem Gefühl Kontakt aufzunehmen, ohne dass es zu einem inneren Weg wird. Es schafft dann einfach ein bisschen Erleichterung.

Die Grundlage aller Erfahrungen ist Achtsamkeit. Man kann versuchen, in jeder Situation bewusster wahrzunehmen, was gerade um einen herum geschieht, was man in sich spürt und wie man innen und außen reagiert. Dazu muss man keine besondere Haltung einnehmen. Man muss also zum Beispiel nicht in einer

Meditationshaltung sitzen oder sich aus dem Alltag zurückziehen. Achtsamkeit kann man praktizieren mitten in einer Arbeit, beim Warten in einer Schlange, in einer angenehmen Situation mit einem Menschen oder in einer Auseinandersetzung mit jemandem. Man wird gewahr, was gerade geschieht.

Das klingt sehr einfach, ist jedoch bei uns ziemlich unvertraut. Die meisten Menschen konzentrieren sich selten oder nie auf das, was sie gerade tun oder erleben. So fällt Achtsamkeit am Anfang meistens ziemlich schwer. Dann kann man wahrnehmen, dass man sich schlecht konzentrieren kann. Man wird sich seiner Unachtsamkeit bewusst.

Wenn man etwas wahrnimmt, kann man die Konzentration deutlich vertiefen, indem man es anspricht. So kann man laut oder leise sagen: »Unachtsamkeit, ich spüre dich.« Damit kann es für den Augenblick genug sein. Man muss sich nicht anstrengen, dauernd achtsam zu sein und längere Geschichten zu erleben, in denen ein Zustand nach dem anderen wahrgenommen wird. Wenn man jedoch bemerkt, dass nach dem Satz »Unachtsamkeit, ich spüre dich« Freude aufkommt, kann man natürlich sagen: »Freude, ich mag dich.« Vielleicht merkt man, dass die kleine Freude von innen kommt. Es könnte ja eine Antwort sein von der Unachtsamkeit, die zum ersten Mal im langen Leben bewusst wahrgenommen und angesprochen wird.

Es ist wirklich möglich, dass schon bei einigen wenigen Augenblicken der Achtsamkeit eine neue Beziehung zu sich selbst entsteht. Die bemerkten und angesprochenen Teile sind dann etwas ganz Eigenes. Sie gewinnen eine Art Persönlichkeit. Vor allem wird bald deutlich, dass sie auf die Zuwendung reagieren und auf ihre Weise antworten. Zum Beispiel durch einen Augenblick der Freude oder durch eine kleine Ruhe. Dadurch wird man von innen ermutigt, das öfter auszuprobieren. Es gibt unendlich viel, was man wahrnehmen kann.

Da ist der ganze Körper mit allen seinen Teilen, Organen, Zuständen und Energien. Man kann mit seinen Nieren sprechen, auch wenn sie gar nicht deutlich sind. Man kann seinem Darm danken, dass er die Nahrung so schön auswertet. Man kann aber auch liebevoll an ihn denken und mit ihm sprechen, wenn er verstopft ist. Man kann mit einer Blockade Kontakt aufnehmen, aber ebenso auch mit einer fließenden warmen Kraft im Körper.

Da sind alle die vielen Gefühle, die immer wieder mal deutlich werden. Natürlich fällt es leichter, die Freude anzusprechen als die Angst. Aber beide gehören zu einem. Gerade die bei uns als negativ bezeichneten und meistens abgelehnten Gefühle sind sehr dankbar, wenn man neutraler oder sogar liebevoll mit ihnen umgeht.

Ich nenne das, was man bei uns so unbewusst ablehnt, die »Kellerkinder«. Wir schubsen unsere ungeliebten und abgelehnten Gefühle und Zustände immer wieder weg, wenn sie sich zeigen, und versuchen, sie in die dunklen Tiefen des Unbewussten zu verbannen. Dort rumoren sie kräftig herum, weil sie frei mit uns leben möchten. Diese innere Unruhe und der Druck machen Unbehagen und Angst, die man dann auch wieder unterdrücken muss. Da ist es viel schöner und leichter, zu versuchen, mit diesen lebendigen Energien achtsamer und sogar offener zu leben. Die bisher abgelehnten Gefühle danken es einem durch Freude, Ruhe und mehr angenehme Energie.

Auch wenn es am Anfang seltsam erscheint, kann man so persönlich sogar mit den Zuständen und Vorgängen des eigenen Geistes umgehen. Man kann einen Gedanken wahrnehmen und sagen: »Gedanke, ich spüre dich.« Man kann sich an eine bedrohliche Gestalt aus dem Traum der letzten Nacht erinnern und sagen: »Traumgestalt, du machst mir jetzt noch Angst.« Man kann auch einem Menschen, an den man sich gern erinnert, innerlich ansprechen: »Ich freue mich, wenn ich an dich denke.« Damit kommt man nicht mit dem äußeren Menschen in Kontakt, sondern mit etwas eigenem Inneren.

Jede solcher inneren Hinwendungen ist ein (kleiner) Schritt auf dem Wege, sich zu erfahren, sich besser kennen zu lernen und mehr Vertrauen zu sich zu gewinnen.

Es ist natürlich auch möglich, intensivere Erfahrungen zu machen. Man kann sich ein Thema vornehmen, sich ruhig hinsetzen oder hinlegen und versuchen, den Kontakt dazu aufzunehmen und aufrecht zu halten. Hat man zum Beispiel Probleme mit dem Darm, kann man sagen: »Darm, ich denke jetzt an dich. Ich möchte mehr Beziehung zu dir bekommen. Hilf mir dabei.« Dann kann man wahrnehmen, wenn Gefühle , Gedanken oder Erinnerungen aufkommen oder der Körper reagiert. Das kann mit dem Darm zu tun haben. Man muss es nicht analysieren und verstehen, sondern kann es ebenfalls innerlich ansprechen. Empfindet man zum Beispiel Angst, kann man sagen: »Angst, ich spüre dich.« Vielleicht wird einem bewusst, dass man die Angst zu vermeiden versucht. Dann kann man ihr sagen: »Angst, ich wehre mich gegen dich. Ich habe kein Vertrauen zu dir.« Und: »Abwehr und Mangel an Vertrauen, ich spüre euch. Ich mag euch auch nicht besonders gern.«

So kann in dieser Achtsamkeit eine ganze Kette von Gefühlen und Zuständen deutlich werden, denen man sich zuwenden kann. Es geht nicht darum, eine Ursache für die Probleme des Darms zu finden. Der Darm erzählt einem viele Geschichten, wenn man so mit ihm umgeht. Es gibt nie nur eine Ursache, sondern viele Erfahrungen, die man mit sich machen kann. Das ist das wesentliche Thema von Leiden. Man kann sich nicht mehr »übersehen« und wird durch die Symptome gezwungen, sich mit sich selbst zu beschäftigen. Es ist sehr hilfreich, wenn man das bewusster tut.

Man muss natürlich nicht warten, bis es einem schlecht geht, um sich zu erfahren. In solchen inneren Experimenten sollte man sich auch nach innen wenden, um die angenehme, vertraute, beglückende Seite zu erleben und bewusster mit ihr umzugehen. Ohne äußeren Anlass könnte man sagen: »Freude, ich denke gerade an dich. Berühre mich doch einmal.« Vielleicht freut sie sich darüber. Dann ist man bei ihr.

Ich versuche auch immer wieder zu vermitteln, dass dieser innere Umgang mit sich selbst nicht etwas Ernstes, Gewichtiges und Anstrengendes ist. Man muss nicht »an sich arbeiten«, um mit sich vertrauter zu werden. Eigentlich ist es ein Spiel mit sich selbst. So erlebe ich sehr oft mit, dass ein Mensch, dem es ganz schlecht geht, durch die Hinwendung zu seinem Leiden in einen offenen, leichteren und sogar fröhlichen Zustand kommt. Die Freude, um die er sich bemüht hat, ist plötzlich wieder da. Und er musste sich nicht anstrengen, die Trauer, die ihn so oft berührt hat, vorher unter Kontrolle zu bringen oder zu überwinden.

Man kann durch innere Erfahrungen eine Haltung wiederfinden, die bei uns ziemlich verloren gegangen ist. Man begegnet ihr vielleicht im inneren Kind, das meistens sehr mutig, lebendig und fröhlich ist und auch mit den schwierigen Dingen spielerisch umgeht. Dieses innere Kind ist nicht jemand anderer, sondern ein Teil jedes Menschen. Es ermutigt uns, das Leben öfter einmal aus einer anderen Perspektive zu sehen.

Die geistige Welt des Menschen

Was ist Geist?

In diesem Buch benutze ich die Worte »Geist«, »geistige Vorgänge« und »geistige Zustände«, um damit einen Teil der eigenen inneren Welt zu bezeichnen. Geist und geistig wird bei uns in vielfältiger Weise verwendet, vor allem im spirituellen oder religiösen Bereich. So gibt es sicher eine ganze Reihe verschiedener Definitionen dieser Begriffe.

Dem will ich keine weitere Definition hinzufügen, weil ich aus meinen vielen inneren Erfahrungen weiß, dass es weder möglich noch nötig ist, Begriffe zu definieren, die sich auf innere Zustände und Vorgänge beziehen.

Die von mir verwendeten Worte berühren jeden Menschen in sich selbst und lösen Erfahrungen in ihm aus, die er als etwas eigenes Inneres wahrnehmen kann. Das ist ganz individuell und kann sich in demselben Menschen im Laufe der Zeit verändern. Es kommt also nicht darauf an, dass jeder etwas Bestimmtes, vielleicht sogar dasselbe erlebt. Jeder erfährt genau das, was ihm in diesem Augenblick entspricht. Denn die innere Welt ist lebendig und veränderlich. Dort gibt es keine richtigen und keine falschen Erfahrungen.

Im Gegensatz dazu ist es in vielen Bereichen der äußeren Welt wichtig, dass man klar definierte Begriffe verwendet. Man muss zum Beispiel im Straßenverkehr dem Schild mit dem Wort »Stop« und der Farbe »Rot« der Verkehrsampel bestimmte Verhaltensweisen zuordnen. Es kann nicht gestattet werden, dass jeder es so interpretiert wie er es möchte. Und ein Wissenschaftler, der mit seinen Fachbegriffen nicht vertraut ist, ist gänzlich unfähig, mit Kollegen zu kommunizieren und seine Forschungsergebnisse weiterzugeben.

In der Erziehung und Ausbildung von Kindern und Erwachsenen werden in vielen Bereichen derartige Begriffe und Vorgänge gelernt. So glauben die meisten Menschen bei uns, dass es überall eindeutig definierte Begriffe geben müsse.

Es gibt auch Religionen und spirituelle Wege, in denen man viel Zeit damit verbringt, grundlegende Begriffe über innere Vorgänge und Zustände zu definieren und zu lernen. Das kann zu den vielen Diskussionen oder Veröffentlichungen über Begriffe wie »Sünde«, »Erlösung«, »Karma«, »Erleuchtung« oder »inneres Kind« führen. Derartige theologische Ansätze können hilfreich sein.

Bei direkten inneren Erfahrungen sind sie jedoch überflüssig, weil man – ausgelöst durch ein Wort – seine ganz persönliche Erfahrung macht, die dem Thema im Augenblick der Wahrnehmung entspricht.

Die Vielfalt des eigenen Geistes

Ich definiere den Geist also nicht in einer bei uns üblichen (wissenschaftlichen) Weise, sondern schildere Einzelheiten und Erfahrungsmöglichkeiten zum Thema »Geist«.

Geistige Vorgänge und Zustände scheinen sich im Gehirn des Menschen abzuspielen. Sie sind auch dann vorhanden, wenn man sie nicht wahrnimmt. Sie können Gefühle und Körperreaktionen hervorrufen. Sie wirken auf unsere Verhaltensweisen in der äußeren Welt. Viele solcher Vorgänge und Zustände haben Namen. Im Folgenden zähle ich einige von ihnen auf:

Gedanken, Hoffnungen, Erwartungen, Sehnsüchte, Erinnerungen, Vorstellungen, Pläne, Analysen, Bewertungen, Vorurteile, Verstehen, Sorgen, Einbildungen, Phantasien, Illusionen.

Weiterhin gehören dazu: innere Wahrnehmungen des Körpers, seiner Organe und Energien (die dann nicht anatomisch aussehen müssen), innere Wahrnehmungen von Gefühlen (zum Beispiel als Gestalten oder Energien), Träume (tags und nachts), Visionen, innere Bilder aller Art, Geisteszustände, zum Beispiel innere Worte,

Klänge, Musik, Stille, inneres Licht (Dunkelheit), innere Weite (Enge), innere Leichtigkeit (Schwere). Gestalten, Zustände und Vorgänge, die es außen nicht gibt, zum Beispiel Gottheiten, Drachen, Zauberer.

Allen diesen Vorgängen oder Zuständen des Geistes ist gemeinsam, dass sie sehr veränderlich und flüchtig sind, verglichen mit der materiellen Welt, in der es eine gewisse Dauerhaftigkeit gibt.

Ganz alltägliche Vorgänge im Geist: ein Beispiel

Jeder Mensch lebt immer im eigenen Geist, im dem fast ununterbrochen Eindrücke vorhanden sind, die die meisten Menschen jedoch ganz unbewusst erleben. Um die Vielfalt deutlich zu machen, schildere ich im folgenden Beispiel geistige Vorgänge und deren Wirkungen:

»Mitten am Tag erinnert sich jemand an seine Großmutter, die er geliebt hat. Dann freut er sich einen Augenblick über sie. Gleich danach entsteht Trauer, weil sie schon lange tot ist. Der Gedanke an die Oma führt zur Erinnerung an einen Ausländer, den er vor einigen Jahren im Urlaub kennen gelernt hat. Der war der lieben Oma in manchem ganz ähnlich. Bei diesen Gedanken entsteht ein Augenblick der Geborgenheit. Dann merkt er, dass er im Büro sitzt und seine Arbeit tun muss. Er spürt Ernüchterung und Enttäuschung.

Später geht ihm eine Musik durch den Kopf, die ganz angenehm ist. Er wippt im Takt mit dem Fuß und freut sich darüber. Bald wird es lästig, weil sich die Musik im Kopf immer wiederholt. Er macht sich Sorgen, ob das noch normal ist.

Kurz vor dem Wochenende überlegt er, was er tun möchte. Am besten gar nichts, aber da gibt es die Einkäufe, die er dringend erledigen muss. Und da ist eine Einladung, auf die er sich nicht freut. Er spürt ein bisschen Überforderung und Frust, dass er nicht einfach faulenzen oder das tun kann, was er möchte.

Bei den Nachrichten im Fernsehen gibt es wieder alle die vielen Probleme auf der Erde. Da sind Konflikte in Afrika und Asien. Da sind Konferenzen, um in Auseinandersetzungen zu vermitteln. Dann kommen Nachrichten von Unglücksfällen mit Toten und Verletzten. Der Mensch spürt Hilflosigkeit und Angst und fühlt sich ziemlich unwohl. Warum tut er sich das jeden Tag an? Man könnte ja auch ohne diese ewigen Probleme leben.

Im Bett vor dem Einschlafen denkt er noch einmal an scheußliche Bilder von den Opfern eines Bombenanschlags. Er stellt sich vor, blutend auf der Straße zu liegen. Da ist große Angst, dann Abwehr. Er ärgert sich, jetzt an so etwas zu denken. Es wird es ihm schwer machen, ruhig einzuschlafen. Er spürt Hilflosigkeit.

Nachts wacht er schwitzend aus einem Traum auf, in dem ein großer Hund auf ihn losgegangen ist. Der Hundebesitzer stand dabei, lachte und hetzte den Hund auf ihn. Der riss sein Maul auf, knurrte und bellte. Kurz vor dem Angriff wurde er Gott sei Dank wach und das Bild verschwand. Er ist unruhig und überlegt, was der Traum wohl zu bedeuten hat. Wer ist so aggressiv gegen ihn? Er findet keine Erklärung, spürt immer noch Angst und dazu Unzufriedenheit.

Er versucht, seine Ruhe wiederzufinden, indem er bewusst an etwas Angenehmes denkt. Da ist morgen das Essen mit einem angenehmen Menschen, auf den er sich freut. Vielleicht kommt man sich näher. Der Mensch spürt ein wohliges Prickeln und angenehme sexuelle Gefühle. Er schläft wieder ein.

Am nächsten Tag kommt eine ziemlich hohe Rechnung mit der Post und die immer noch angenehme Stimmung verfliegt sehr schnell. Er hat ja nicht direkt Finanzprobleme, aber er muss doch rechnen, um keine Schulden zu machen. Vielleicht sollte man wieder einmal Lotto spielen, um etwas zu gewinnen. Leider hat das bisher nie geklappt. Die Stimmung fühlt sich ein bisschen grau an. Es wäre schön, wenn man sich um so etwas nicht kümmern müsste und einfach genug hätte. Er träumt ein bisschen, reich zu sein. Dann bringt er sich wieder in die Realität zurück, weil das Träumen ja nichts nützt.«

Diese (erfundene) Geschichte spielt sich ganz im eigenen Geist ab, auch wenn sie sich zum Teil mit der äußeren Welt beschäftigt.

Fast ununterbrochen denken wir an etwas. Meistens spüren wir es jedoch nicht. So laufen viele geistige Vorgänge ganz unbewusst ab. Trotzdem lösen sie weitere Gedanken, Bewertungen, Gefühle, Reaktionen im Körper und Verhaltensweisen in der äußeren Welt aus.

Die Motive, Eindrücke und Bilder des Geistes stammen zu einem großen Teil aus den Erfahrungen, die wir bisher auf der Erde gemacht haben. Wir nennen sie Erinnerungen. In ihnen treten Situationen, Menschen, Tiere und Landschaften auf, die wir früher erlebt haben. Doch jetzt sind es Vorgänge im eigenen Inneren. Sie beschäftigen sich zwar mit der Vergangenheit, finden jedoch in der Gegenwart im eigenen Geist statt. Sie können die Situation der Vergangenheit so wiedergeben, wie sie objektiv war oder sie können ganz anders sein. Denn da sie zum Zeitpunkt der Wahrnehmung im Inneren stattfinden, sind sie nicht mehr an das gebunden, was sich früher wirklich abgespielt hat. Sie sind also nicht »objektiv« und für innere Erfahrungen müssen sie auch nicht objektiv sein. Erinnerungen haben ganz andere Eigenschaften und Bedeutungen als die Vorgänge in der physischen Welt.

Zu den Erinnerungen kann man auch die vielen Eindrücke zählen, die man durch Literatur, Filme, Musik, bildende Kunst oder religiöse Schriften gewonnen hat. Da gibt es die ganze Bandbreite von den Gestalten eines historischen Romans, eines Märchens, einer religiösen Schrift bis hin zum Sciencefictionfilm oder Horrorfilm. Denkt man an solche Erfahrungen, ist man mitten im eigenen Geist. Eine Musik, die sich wiederholt, eine Horrorgestalt, die einen verfolgt, oder eine berührende religiöse Gestalt sind ganz im eigenen Inneren und entfalten dort ihre Wirkungen, fast unabhängig von dem, was sie außen bewirken. So kann man ganz »normal« seinem inneren Dinosaurier begegnen, irgendeinem inneren Horrormonster oder dem inneren Jesus oder Sai Baba.

Zum Universum des Geistes gehören auch die vielen Vorstellungen, die man sich – mehr oder weniger bewusst – selbst macht. Zu ihnen gehören Hoffnungen, Sorgen, Erwartungen, Pläne, Fantasien und Illusionen. Man darf sich alles Mögliche vorstellen, völlig unabhängig davon, ob es das in der äußeren Welt gibt oder ob es logisch richtig ist oder nicht. Jeder Künstler lebt seine Vorstellungen und macht daraus musikalische Kompositionen, Gemälde, Bücher oder Filme. So ist zum Beispiel eine drei Meter hohe Monsterspinne das Produkt des Geistes des Autors. Ob er vor diesem inneren Monster Angst hat oder ob er mit ihm vertraut ist, wirkt sich in seinem Leben aus.

Zu den bekanntesten geistigen Eindrücken gehören die Träume, die im man Schlaf oder auch am Tage erleben kann. Die meisten Träume finden unbewusst im Schlaf statt und werden vor dem Aufwachen vergessen. Einige erinnert man jedoch. Man kann sich manchmal bewusst werden, dass man träumt und kann damit Erfahrungen machen. Man kann »realistisch« träumen oder Gebilde oder Gestalten erleben, die man vorher noch nie gesehen hat. Träume gelten bei uns häufig als wenig bedeutsame »Schäume«. Manchmal benutzt man sie jedoch, um sie zu deuten und in Therapien einzubeziehen

Dann gibt es noch einige Geisteszustände, die bei uns fast immer unbewusst ablaufen. In einigen anderen Kulturen werden sie in der religiösen Meditation gesucht und gelebt. Das sind zum Beispiel Empfindungen von Weite, Leichtigkeit, Schweben, Fliegen, Sich-Auflösen und vom »Ganz-Sein«. Obwohl sich auch bei uns viele Menschen danach sehnen, lösen sie meistens Angst und Abwehr aus, wenn sie unbewusst (zum Beispiel im Fieber) erlebt werden.

Macht man bewusst innere Erfahrungen mit sich selbst oder begleitet man andere Menschen nach innen, erlebt man immer wieder Eindrücke, wie sie in alten religiösen Schriften oder in Märchen übermittelt werden. Oft hat sich ein Mensch nie damit beschäftigt und ist selbst ganz überrascht, was er in sich findet. Da sind berührende zeitlose Bilder, da sind Worte voller Weisheit und Wahrheit. Das ist nach meinen Erfahrungen ganz unabhängig von den Eigenschaften und Fähigkeiten des Menschen, der es erlebt. In einigen Bereichen der Psychologie nennt man das »Archetypen«. Für mich bedeutet es, dass wir wirklich alles in uns haben. Wir können somit unsere eigenen inneren Zustände und Vorgänge durch Bilder und Worte ausdrücken, die wir als Erinnerungen bezeichnen aber auch durch Symbole, die dem Einzelnen ganz neu und originell erscheinen, die jedoch in vielen mystischen Religionen und inneren Wegen über Jahrtausende hinweg verwendet werden.

Wirkungen geistiger Vorgänge auf Gefühle und Körper

Vielleicht könnte man sogar die Gefühle zur geistigen Welt zählen. Da ich jedoch versuche, Vorgänge und Zustände der inneren Welt nicht zu definieren und abzugrenzen, lasse ich es offen. Die Wahrnehmung der eigenen Gefühle findet im Geist statt. Wird man sich zum Beispiel bewusst, dass man sich gerade freut, ist das ein Gedanke. Auf dieser Ebene kann man Gefühle auch sehen oder sie sich vorstellen, wenn man es möchte. Die Freude ist vielleicht ein fröhliches Kind, das lebendig herum springt. Die Trauer kann man sich als eine dunkel verhüllte Frau vorstellen. Das führt dazu, dass man eine direkte und persönliche Beziehung zu den Gefühlen bekommt. Dass geistige Vorgänge Gefühle auslösen können, ist jedem Menschen vertraut. Ich habe es im vorstehenden Beispiel deutlich gemacht.

Der physische Körper dagegen ist die »andere Seite« des Menschen. Er ist »materiell« und wir nehmen ihn mit unseren physischen Sinnesorganen wahr. Wendet man sich dem Körper jedoch innerlich zu, ist man wieder im eigenen Geist. Man erlebt dann nicht die physischen Organe, sondern Vorstellungen über sie, die keineswegs anatomisch aussehen müssen. So kann man sich sein Herz zum Beispiel als eine rundliche Gestalt mit Gesicht, Armen und Beinen vorstellen. Nimmt man mit diesem Herzen Kontakt auf, spricht mit ihm oder berührt es innerlich, dann wird vielleicht das physische Herz ruhiger.

Von den unbewussten Gedanken und Vorstellungen gehen auch starke Wirkungen auf dem Körper aus. Ein Albtraum kann Angstschweiß und Erwachen auslösen. Die Vorstellung eines geliebten Menschen erzeugt »Schmetterlinge im Bauch«. Die Erinnerung an eine schwierige Beziehung »geht an die Nieren«. Und der Gedanke an eine Bedrohung macht Angst und den Körper im Hals oder Brustraum eng.

Dieses unermessliche und unbegrenzte Universum des eigenen Geistes wird immer gelebt. Jeder Mensch schafft sein Leben aus seinen Vorstellungen, Erwartungen, Sehnsüchten, Bewertungen und Abgrenzungen. Der für mich wesentliche Gesichtspunkt ist, ob ein Mensch unbewusst oder bewusst mit und aus seinem Geist lebt.

Unbewusst mit dem eigenen Geist umgehen

Jeder Mensch lebt immer in zwei Welten: in der inneren Welt seines Geistes und in der äußeren Welt der Materie. In beiden Welten macht der Mensch ununterbrochen Erfahrungen. In ihm durchdringen sich beide Welten. Die innere Welt wirkt nach außen zum Beispiel durch Verhaltensweisen. Die äußere Welt wirkt nach innen zum Beispiel durch Lernprozesse. In unserer Weltanschauung werden die beiden Welten jedoch nicht gleichberechtigt behandelt.

Die äußere Welt soll die eigentliche Wirklichkeit sein. In ihr macht man die wichtigsten Erfahrungen. Die äußere Welt wird in vielen Wissenschaften erforscht. Man kennt viele ihrer Eigenschaften und wendet diese Kenntnisse an, um die Welt so zu machen, wie der Mensch es braucht. Vieles, was man sucht und wonach man sich sehnt, findet man in ihr. Man verändert die Natur und schöpft ununterbrochen neue technische Möglichkeiten, um den Menschen das Leben leichter und angenehmer zu machen.

Die innere Welt soll dagegen nicht im gleichen Maße bedeutsam sein. In Therapien beschäftigt man sich mit ihr, wenn es dem Menschen nicht gut geht. Dann versucht man, einzugreifen, um Vorstellungen und innere Eindrücke so zu verändern, dass der Mensch nicht mehr leidet. Sonst lebt man weitgehend unbewusst mit ihr.

Die eigentlichen Hüter und Vermittler der inneren Welt, die Priester, wissen bei uns nur noch wenig über sie. Die Mystik als innere Praxis einer Religion ist in unserem Christentum weitgehend verloren gegangen. Die Sehnsucht vieler Menschen nach der inneren Welt wird in den Kirchen nicht mehr befriedigt, so dass die Gotteshäuser immer leerer werden. Der westliche (christliche) Mensch lebt somit ungleichgewichtig mit der inneren und äußeren Welt.

Bei uns gibt es daher viele Vorstellungen (im Geist der Menschen), die den Zugang zur inneren Welt schwierig oder unmöglich machen. Das hat starke Wirkungen auf das individuelle und gesellschaftliche Leben. Man sucht dann nämlich eigene Zustände und Gefühle fast nur in der äußeren Welt, obwohl man alles in sich hat und es dort viel leichter und befriedigender finden könnte. Und man überträgt die Bedingungen und Regeln der äußeren Welt auf die innere Welt, wo sie ohne Bedeutung sind. Man schützt sich dann zum Beispiel vor inneren Bedrohungen, weil der entsprechende Vorgang außen gefährlich oder tödlich ist.

Ich bin sicher, dass ein wesentlicher Teil des Leidens auf der Erde durch das Unvertrautsein mit der inneren Welt in sich selbst und in den anderen Menschen entsteht. So heißt es im Buddhismus: »Leiden ist, nicht zu wissen, wer man wirklich ist.«

Im Folgenden gebe ich einige Beispiele für den unbewussten Umgang mit sich selbst, um im nächsten Kapitel den bewussteren Umgang zu schildern.

Jeder Mensch lebt immer in seinem physischen Körper, der aus unvorstellbar vielen Teilen und Energien besteht. Erst mit ihm können wir auf der Erde leben. Obwohl wir die physische Welt in unserer Weltanschauung als eigentliche »Realität« ansehen, haben nur wenige Menschen eine bewusste Beziehung zu ihrem Körper. Er wird zwar in den Naturwissenschaften und in der Medizin in vielen Einzelheiten erforscht. Trotzdem leben die meisten Menschen und auch die meisten Naturwissenschaftler und Ärzte unbewusst mit ihm. Man bemerkt ihn kaum in seinen Fähigkeiten, man nimmt kaum Kontakt zu ihm auf und freut sich selten über ihn, wenn es ihm gut geht. Es herrscht die Vorstellung: »Wenn man den Körper nicht spürt, ist alles in Ordnung.« Erst wenn er unangenehme Symptome produziert, wird man aufmerksam und wendet sich an Fachleute, um ihn wieder ruhig zu machen.

Ganz ähnlich gehen die meisten Menschen bei uns mit den eigenen Gefühlen und mit der inneren Welt des Geistes um. Man spürt selten oder nie bewusst, was gerade in einem geschieht. Unbewusst sucht man angenehme Zustände und vermeidet oder bekämpft die unangenehmen.

Eine solche Unbewusstheit und innere Beziehungslosigkeit führt zu vielen ungeprüften Vorstellungen und Vorurteilen über die innere Welt. Sie machen einem den Zugang schwierig oder unmöglich.

Im Folgenden nenne und kommentiere ich einige Sätze, die bei uns von vielen Menschen geglaubt werden:

- »Gefühle und geistige Vorgänge sind nicht ›real‹ und nicht so wichtig wie die physische Realität.«
  Diese Grundhaltung gibt den Verlust der Beschäftigung mit dem Reich wieder, das »nicht von dieser Welt ist«. Für mich ist es zuerst das Problem einer Religion, die die Mystik verloren hat.
- »Die Ursachen für meine inneren Zustände und Vorgänge kommen von außen. Menschen und äußere Situationen beeinflussen mich und verursachen meine Gefühle und Verhaltensweisen« und »Ein Mensch, der lieblos oder aggressiv mit mir umgeht, hat etwas gegen mich.«
  Fehlt der Kontakt nach innen, dann beschränkt man sich weitgehend auf die äußere Welt. Nur dort sollen die Ursachen der eigenen Gefühle und Zustände liegen und nur dort soll es die Wirkungen des eigenen Denkens und Handelns geben. So vermeidet man, schlecht oder böse über jemanden zu denken. Und so bemüht man sich, andere Menschen zu beeinflussen oder zu verändern, damit man sich wohler fühlt. In dieser Haltung wird der Kontakt zu den eigenen unangenehmen Gefühlen sehr schwer, weil man ja fast nichts mit ihnen zu tun hat.
- »Im Inneren gibt es Gutes und Schlechtes« und »Ich kann das Gute erreichen und festhalten und das Schlechte überwinden und beseitigen« und »Nur wenn ich meine Negativitäten transformiert oder überwunden habe, kann ich das Licht und die Erlösung finden« und »Krankheiten und Leiden sind Fehler, die man vermeiden kann.«
  Solche Bewertungen sind bei uns fast selbstverständlich. Es soll in uns Positives, Gutes, Richtiges geben und auf der anderen Seite Negatives, Schlechtes, Falsches oder Böses. Eine derartige Vorstellung führt zu unbewussten, automatischen Reaktionen: Das Gute wird festzuhalten versucht, das Schlechte wird verdrängt oder bekämpft. Der Mensch zerteilt sich in zwei Pole, die scheinbar feindlich gegeneinander gerichtet sind.

- »Ehe ich etwas verändern kann, muss ich es verstehen.«
  Damit sucht man Gründe für bestimmte – meistens unangenehme – Zustände und Vorgänge innen oder außen. Meistens glaubt man, eine einzige Ursache für etwas finden zu können. Die innere Welt kann man in diesem Sinne jedoch nicht verstehen, weil alle Phänomene vielfältig sind und sich im Verlauf der Zeit wesentlich verändern können. Das Verstehen-Müssen führt dazu, dass man sich den inneren Vorgängen nicht direkt zuwendet, sondern immer wieder darüber nachdenkt, warum etwas so ist. Es ist eine Form des unbewussten Schutzes vor dem direkten Kontakt mit dem Unangenehmen.
- »Ich lebe – auch wenn ich es gar nicht will – aus den Erfahrungen, die ich im Laufe meines Lebens gemacht habe und die ich nicht mehr ändern kann«und »Erinnerungen beschäftigen sich mit der Vergangenheit und können deswegen nicht verändert werden.«
  Es ist ganz sicher, dass jeder Mensch im Laufe seines Lebens aus den Erfahrungen, die er macht, lernt und seine Konsequenzen zieht. So können zum Beispiel Schwierigkeiten in der Kindheit das ganze Leben lang erinnert werden und das Verhalten des Erwachsenen prägen. Bei uns ist jedoch fast unbekannt, dass Erinnerungen sich zwar mit der Vergangenheit beschäftigen, jedoch lebendige, gegenwärtige Vorgänge im eigenen Geist sind, die man verändern kann oder die sich durch innere und äußere Erfahrungen verändern können. Man muss also nicht die Vergangenheit verändern oder die daran beteiligten Personen, sondern nur die eigene Einstellung zu den Erinnerungen.
- »Manchmal bin ich bei mir, manchmal nicht« und »Manches gehört zu mir, anderes nicht.«
  Solche Sätze hört man von Menschen, die Sehnsucht nach mehr Beziehung zu sich haben. Sie haben jedoch bisher wenig direkten Kontakt nach innen gehabt und halten so an den üblichen Vorstellungen fest, dass vieles, was sie spüren, eigentlich gar nicht zu ihnen gehört. Wenn sich ein solcher Mensch wohl fühlt, sagt er: »Ich bin bei mir« und wenn es ihm nicht gut geht, sagt er: »Ich bin nicht bei mir. Aber ich möchte so gern wieder bei mir sein.« Das sind die auch in spirituellen oder esoterischen Krei-

sen üblichen Vorstellungen, dass man das Positive leben und das Negative überwinden sollte.

- »Einbildungen, Phantasien und Illusionen sind ganz irreal und sollten den Künstlern vorbehalten bleiben.«
Unter den geistigen Vorgängen gibt es in den üblichen Vorstellungen sogar noch Abstufungen nach dem Realitätsgehalt. Eine Illusion soll geradezu gefährlich sein, weil sie einen Menschen dazu bringen kann, aus dem Alltag zu flüchten und lebensunfähig zu werden. Nur im Spiel, im Märchen und in der Kunst werden Fantasien und Einbildungen akzeptiert und geschätzt, da sie sich nicht an die Regeln der äußeren Welt und der äußeren Bedingungen halten.
- »Ich muss mit meinem Unbewusstsein vorsichtig umgehen. In der dunklen Tiefe lauern Gefahren, die mich schädigen oder gar zerstören können.«
Nicht nur in spirituellen Kreisen, sondern auch bei den meisten Therapeuten gibt es die Überzeugung, dass es im Inneren des Menschen aggressive und zerstörerische Energien gibt, die man auf keinen Fall zulassen dürfe. Wer das glaubt, lebt – meistens unbewusst – in der dauernden Angst, dass aus der Tiefe üble Energien, Gefühle oder Gestalten auftauchen könnten, die einen schädigen, verrückt machen oder sogar töten. Als Beispiele verweist man auf psychisch Kranke, die durch das Unbewusste in den Wahnsinn getrieben werden und dann versuchen, sich das Leben zu nehmen.
- »Es gibt vieles, was mich hindert, nach innen zu gehen. Ich muss Blockaden und andere Hemmnisse erst überwinden, um den Zugang zu finden« und »Es ist nicht möglich, ohne große Anstrengungen mit mir innerlich in Kontakt zu kommen. Ich muss lange meditieren, einen Meister finden oder mich in Therapie begeben, um mehr von mir zu spüren.«
Der Weg nach innen wird nicht nur durch die großen Ängste schwer gemacht, sondern auch durch die Vorstellungen, dass man sich anstrengen muss und das Richtige tun muss, um mit sich in Kontakt zu kommen. Sich unterstützen und ermutigen zu lassen, kann durchaus hilfreich sein. Wir müssen den inneren Kontakt jedoch gar nicht suchen oder uns in eine bestimmte

Haltung begeben. Denn es geht nur um die Wahrnehmung dessen, was gerade in uns deutlich wird. Diese Achtsamkeit als bewussterer Umgang mit der inneren Welt ist bei uns ungewohnt. Sie ist jedoch nichts anderes, als das, was man den ganzen Tag lang in der äußeren Welt tut. Nämlich zu bemerken, wo man gerade ist, wie die Umgebung aussieht, wie die anderen sich verhalten und was man selbst tut.

Die eben aufgezählten Haltungen entstehen ganz und gar aus den Vorstellungen, die man gelernt hat und für richtig hält. Da es bei uns ganz üblich ist, so zu denken, empfindet man es als »normal« und übernimmt es als gültig. Das bedeutet, dass man keine eigenen Erfahrungen macht, um persönlich zu erfahren, ob es wirklich so ist, wie man es glaubt. Da alle anderen ähnlich denken, gibt es den Menschen eine gewisse Sicherheit, die sie schätzen. Natürlich sind alle Arten von Vorstellungen und Glaubenssätzen Vorgänge im eigenen Geist, über die man frei verfügen könnte.

In der äußeren Welt entstehen alle Veränderungen dadurch, dass jemand die bisher üblichen Vorstellungen nicht übernimmt, sondern neue Vorstellungen formuliert und in Experimenten überprüft, ob es so ist. Würden wir mit der äußeren Welt so umgehen wie es bei uns mit der inneren Welt üblich ist, müssten wir heute noch an die einstige religiöse Wahrheit glauben, dass die Erde eine Scheibe ist, um die sich die Sonne bewegt. Oder wir wüssten aus langer Überlieferung, dass angeblich nichts fliegen kann, was schwerer ist als Luft.

Bewusster mit dem eigenen Geist leben

Innere Erfahrungen machen

Im letzten Kapitel habe ich die Grundlagen meines inneren Weges beschrieben. Im Anhang am Ende des Buches schildere ich viele Einzelheiten der Begleitung eines Menschen.

Daher gebe ich im folgenden Abschnitt die Vorgänge der Achtsamkeit und des inneren Kontaktes nur zusammenfassend wieder, um sie später auf Zustände und Vorgänge im eigenen Geist anzuwenden. Man kann sich in folgenden Schritten erfahren:

- Sich wahrnehmen:
  Man braucht sich nur manchmal dessen bewusst zu werden, was man gerade in sich spürt. Man kann aber auch in einer Gruppe oder einzeln eine Reise nach innen machen oder bewusst an etwas denken oder es sich vorstellen. Das nenne ich innere Experimente.
  Dabei kann man alle inneren Vorgänge oder Zustände wahrnehmen.

Im Körper zum Beispiel:	Organe, Organteile, Bewegungen, Hemmungen, Leiden, Gesundheit, Schmerzen, Fließen, Sinneseindrücke.
Gefühle zum Beispiel:	Freude, Trauer, Vertrauen, Angst, Liebe, Hass, Zufriedenheit, Frust, Glück, Leiden.
Im Geist zum Beispiel:	Gedanken, Erinnerungen, Sorgen, Bilder, Träume, innere Orte und Gestalten, Fantasien, Licht, Dunkelheit, Weite, Enge, Auflösung.

- Die Wahrnehmung vertiefen:
  Ich empfehle, mit sich selbst zu sprechen. Wie in Beziehungen zu anderen Menschen ist es auch innen sehr hilfreich, mit dem, was man spürt, laut oder leise zu sprechen. Man kann sagen: »Unruhe, ich spüre dich« oder »Freude, ich mag dich« oder »Angst, ich finde dich unangenehm.« In diesem inneren Gespräch sollte man ganz ehrlich mit sich sein. Man muss sich nicht zwingen, alles anzunehmen oder zu lieben. Man vertieft die Beziehung auch zu einem Gefühl, dem man sagt: »Ich mag dich nicht« oder »Ich habe große Angst vor dir.«
  Es ist möglich, dass der angesprochene Teil auf seine Weise antwortet: vielleicht durch Worte, aber auch durch einen Augenblick der Ruhe oder Freude. Man muss es nur nicht erwarten. Auch wenn nichts zu geschehen scheint, entsteht mehr innere Beziehung.
- Man ist immer bei sich selbst:
  Jeder wird immer wieder von anderen Menschen oder äußeren Situationen berührt. Was dann in einem deutlich wird, gehört jedoch zu einem selbst. Man kann bei einem liebevollen Menschen nur Geborgenheit spüren, weil sie in einem ist. Man kann den eigenen Frust mit einem anderen Menschen nur spüren, weil auch der Frust ein eigenes Gefühl ist. Die Ursache für eigene Zustände liegt nicht außerhalb. Die äußeren Umstände lösen vielmehr etwas aus und bringen an die Oberfläche, was immer in einem ist. Wird man sich zum Beispiel seiner eigenen Geborgenheit bewusst, merkt man irgendwann, dass sie auch dann in einem ist, wenn man nicht bei dem liebevollen Menschen ist.
- Man muss sich innen nicht anstrengen:
  Es reicht aus, sich wahrzunehmen, zu spüren, dass es in einem geschieht und ein paar Worte dahin zu sprechen. Man muss sich nicht bemühen, zu verstehen, warum man etwas spürt. Man muss den Zustand auch nicht bewerten und ihn festzuhalten oder loszuwerden versuchen. Auch, wenn es einem nicht gut geht, kann man sich im Augenblick der Wahrnehmung so lassen. Das hindert einen jedoch nicht, anschließend etwas zu tun, sich zum Beispiel von einem Therapeuten helfen zu lassen.

- Angst vor dem eigenen Inneren:
  Da sich bei uns nur wenige Menschen im Inneren auskennen, gibt es sehr viele Vorstellungen über das Unbewusste, die zu Ängsten und Abwehr führen können. So soll es innen Energien und Bilder geben, die einen schädigen oder zerstören. Viele Menschen glauben, dass das, was außen schädlich ist, auch innen gefährlich sein müsste. Ich empfehle natürlich niemandem, außen in einen Abgrund zu stürzen. Innen ermutige ich dazu, weil ich weiß, daß man anschließend viel mehr Vertrauen zu seiner Tiefe und zu seinem Inneren hat. Es gibt in jedem Menschen unangenehme, schwierige, leidvolle und bedrohliche Vorgänge. Man muss sich jedoch nicht vor ihnen schützen, sondern kann sie im Laufe der Zeit erfahren und dadurch Vertrauen zu sich gewinnen.
- Ein innerer Weg:
  Ich bin kein Therapeut, sondern befinde mich auf einem sehr faszinierenden inneren Weg, zu dem ich diejenigen ermutige, die zu mir kommen. Es sind Erfahrungen in dem »Reich, das nicht von dieser Welt ist«, zu dem uns die Religionen bringen möchten.
- Begleiter:
  Der achtsame Umgang mit sich selbst ist außerordentlich einfach, bei uns aber auch ziemlich unvertraut. Deshalb ist es hilfreich, sich am Anfang durch Literatur oder durch ein Wochenende oder Einzelbegleitungen unterstützen zu lassen.
- Neue Vorstellungen:
  Man öffnet sich den Weg nach innen, indem man sich hilfreiche Sätze bewusst macht, die anders sind als die von mir im vorherigen Kapitel geschilderten. Man kann also folgende Sätze dafür verwenden:
  - »Alles, was ich in mir spüre, gehört zu mir; ich bin immer bei mir selbst.«
  - »Ich kann alles Innere erreichen, mit ihm bewusst Kontakt aufnehmen, es erleben, wie es wirklich ist.«
  - »Ich kann erfahren, dass fast alle meine Verhaltensweisen von innen kommen.«
  - »Ich kann jeden Geistesvorgang erfahren, zulassen, ihn sich

verändern lassen oder ihn selbst verändern. Damit verändere ich meine Ansicht des Lebens und der Welt. Damit verändere ich mein Verhalten nach innen und nach außen.«
- »Sehnsüchte, aber auch Leiden, sind Rufe von innen.«
- »Meine ›Seele‹ wartet auf mich.«

Mit solchen Vorstellungen öffnet man sich einem anderen Umgang mit dem eigenen Inneren. Man kann an diese Sätze glauben und sie so als Hilfe benutzen. Entscheidend ist jedoch, dass man dann eigene Erfahrungen mit der inneren Welt macht, um irgendwann zu wissen, wie es wirklich in einem ist.

Jeder Mensch hat die Freiheit zu entscheiden, wie er über sein Leben denken will. Es gibt viele Angebote auf der Erde, dieses oder jenes zu glauben. Die bei uns übliche Art der Weltanschauung ist nur eine von vielen möglichen. Etwas anderes zu glauben ist der erste Schritte zu eigenen Experimenten und Erfahrungen außen und innen. So kommt man zu seiner persönlichen Gewissheit.

Zwei Beispiele für unbewusste und bewusste Vorgänge im Geist

Die Begegnung mit einem Hund

Jeder Vorgang, den man in der physischen Welt erlebt, kann Gefühle und Verhaltensweisen auslösen, weil man den äußeren Vorgang – meistens ganz unbewusst – im eigenen Geist analysiert und bewertet.

Dazu folgendes Beispiel: Zehn Menschen begegnen demselben Hund. Der läuft auf dem Fußweg einer Stadt, ist mittelgroß und verhält sich unauffällig. Jeder Mensch reagiert nach seinen bisherigen Erfahrungen mit anderen Hunden, die zu bestimmten Vorstellungen über Hunde geführt haben. So soll es folgende Reaktionen der Menschen geben:

- Einer freut sich über den Hund. Er ist mit Hunden aufgewachsen.
- Ein anderer sieht den Hund, kümmert sich aber nicht um ihn. Er denkt an etwas Wichtigeres.
- Einer spürt Angst. Er ist einmal von einem Hund gebissen worden.
- Ein weiterer kennt sich mit Hunden aus. Er erkennt seine Rasse und seine Qualität.
- Einer geht auf den Hund zu, um ihn kurz zu streicheln.
- Ein Mensch schnalzt mit der Zunge, um eine Reaktion vom Hund zu bekommen.
- Einer leidet an Hundephobie. Er erstarrt und sucht einen Fluchtweg.
- Ein anderer ist wütend. Er denkt an den vielen Hundedreck. Er würde den Hund treten, wenn der nicht so groß wäre.
- Einer lockt den Hund durch Zuruf. Er ist neugierig, wie er reagieren wird.
- Ein anderer ärgert sich, dass der Hund ohne Leine herumläuft.

So kann man feststellen: »Wir erleben nicht die äußere Welt, sondern das, was wir dabei empfinden oder woran wir denken.« Da gibt es keine Eindeutigkeit und auch keine Objektivität. Das ist bei uns bekannt. Man sieht nicht die große Bedeutung dieser geistigen Welt, in der jeder lebt und aus der jeder reagiert.

Nur wenn die Verhaltensweisen im Vergleich zum »Normalen« sehr eigenartig oder zwanghaft sind, versucht man, sie so zu verändern, dass man wie die anderen reagiert.

Der Mensch mit der Hundephobie geht also zum Psychologen, um in Zukunft keine Angst mehr vor einem Hund zu haben. Dabei lernt er meistens jedoch nicht die Phobie als einen ganz persönlichen Vorgang im Geist kennen. Dann könnte er sich den dazugehörigen Themen wie Angst, Zwanghaftigkeit und bedrohlichen Bildern im eigenen Geist zuwenden.

Ich versuche hier zu vermitteln, dass jede Art von Umgang mit sich und anderen aus dem eigenen Geist entsteht. Die Vorstellungen, die ich mir mache, prägen mein ganzes Leben. Ich kann innen und außen nur so reagieren, wie ich es mir im Geist vornehme.

Halte ich zum Beispiel einen Teil meiner Gefühle für negativ oder gar falsch, entstehen daraus bestimmte Reaktionen gegenüber diesen Gefühlen: Ich will sie nicht haben, ich will sie nicht spüren, ich will sie loswerden. Solche Vorstellungen über die Gefühle verhindern Erfahrungen mit ihnen, die meine Einstellung vielleicht verändern könnten.

Natürlich haben wir solche Bewertungen im Laufe unseres Lebens gelernt. Das muss uns jedoch nicht hindern, anders denken zu dürfen. Da der Geist eine fließende Energie ist, können wir Vorstellungen bewusst verändern und Experimente mit ihnen machen. Dabei können wir ganz persönlich erfahren, wie sich das innere und äußere Leben mit anderen Vorstellungen anfühlt. Das ist eine unglaublich große innere Freiheit, die bei uns leider nur selten genutzt wird, weil die meisten Menschen die bei uns üblichen Vorstellungen als »gültig« und »richtig« ansehen. Sie halten an dem fest, was fast alle glauben und finden darin eine gewisse Sicherheit. Wenn sie leiden, wird ihnen meistens nicht bewusst, dass es vor allem an ihren Vorstellungen liegt.

Ein Flugzeugabsturz

Mit dem folgenden (erfundenen) Beispiel will ich noch einmal deutlich machen, in welchem Umfang geistige Vorgänge an einer fast alltäglichen Situation beteiligt sind.

Ein Mann liest in der Zeitung von einem Flugzeugabsturz in einem anderen Land. Er wird innerlich berührt von dieser Nachricht und stellt sich eine Szene vor, die er einmal im Fernsehen gesehen hat. In dieser Erinnerung sieht er rauchende Wrackteile und verhüllte Leichen. Er spürt eine Mischung aus Angst, Abwehr und Faszination. Ihm fällt ein, dass er in drei Wochen auch fliegen wird. Seine Angst wird deutlicher, er wird unruhig und macht sich wegen seines Fluges Sorgen. Das findet er jedoch negativ und überflüssig. Er versucht, diese dunklen, bedrohlichen Gedanken zu überwinden, indem er daran denkt, dass es beim Fliegen viel weniger Unfälle gibt als bei anderen Verkehrsmitteln. Außerdem benutzt er eine Fluglinie, die für ihre hohen Sicherheitsstandards bekannt ist. Er wird ruhiger, die Angst wird geringer, er entspannt sich und ist fast ein bisschen zufrieden, dass er eine Lösung gefunden hatte.

In diesem kleinen, ziemlich undramatischen Vorgang gibt es viele Einzelheiten, die im Geist des Mannes unbewusst ablaufen und nur wenige, die er bewusst erlebt. Im Folgenden schildere ich das etwas ausführlicher, um den Umfang der inneren Vorgänge deutlich zu machen.

Es beginnt mit der Gewinnung der Informationen über den Flugzeugabsturz. Liest der Betreffende eine Zeitung, so sieht er viele Zeichen, die schwarz auf weiß die Information enthalten. Er wird sich natürlich nicht bewusst, dass er die Informationen nur verstehen kann, weil er gelernt hat, diese Zeichen richtig auszuwerten. Hätte er eine indische Zeitung mit deren Schriftzeichen vor sich, wäre ihm die Information wahrscheinlich völlig verschlossen geblieben.

Sein Geist leistet also umfangreiche Arbeit, die Worte, die durch die Zeichen auf dem Papier formuliert werden, mit Hilfe der Funktion seiner Augen wahrzunehmen. Ganz unbewusst verwendet er seine Fähigkeiten, lesen zu können, die er sein Leben lang gelernt und angewendet hat.

Das Verstehen der Worte der Nachricht führt zu einer ganz persönlichen Reaktion des Lesers. Ein Flugzeugabsturz ist etwas Dramatisches mit Tod und Zerstörung. Ohne zu wissen, wie es bei dem in der Zeitung geschilderten Absturz aussieht, nimmt der Mann aus seinen Erinnerungen ein Bild, das ihm in diesem Augenblick entspricht. Das löst Angst, Hilflosigkeit, Trauer und andere unangenehme Gefühle aus. Wäre er noch stärker betroffen, gäbe es auch unangenehme Reaktionen im Körper: Unruhe, vielleicht auch einen Schweißausbruch.

Ein mit sich unvertrauter Mensch empfindet solche Zustände als negativ und wendet sich gegen sie. Er will keine Angst haben und sich nicht hilflos fühlen. Unbewusst versucht er, die Gefühle zu verdrängen, was sie oft jedoch noch deutlicher und bedrängender macht. Das geschieht, wenn dem Mann einfällt, dass er selbst bald fliegen wird. Das macht die Situation noch bedrohlicher. Es kommen weitere unangenehme Zustände dazu, zum Beispiel die

Sorge, dass er selbst abstürzen und zerschmettert unter einem Leichentuch liegen könnte. Dieser Gedanke ist für ihn so unerträglich, dass er – unbewusst – sofort andere Gedanken zu Hilfe nimmt, um sich zu »trösten«. Ihm fällt plötzlich ein, dass Fliegen vergleichsweise sicher ist und er eine gute Fluggesellschaft benutzt. So kann er durchatmen und sich erleichtert fühlen. Vielleicht erinnert er sich an diesen Augenblick, wenn er in drei Wochen auf dem Flugplatz auf seine Maschine wartet.

Es gibt sicher noch viel mehr Vorgänge im Geist dieses Mannes, in seinen Gefühlen und in seinem Körper, als ich eben geschildert habe. Mir geht es jedoch nicht in erster Linie darum, wie jemand damit umgeht. Im Folgenden mache ich die Unterschiede zwischen bewusstem und unbewusstem Umgang deutlicher.

Es ist ziemlich sicher, dass auch ein Mensch, der bewusster und vertrauter mit sich lebt, von der Nachricht über einen schweren Unglücksfall unangenehm berührt wird. Auch er spürt Angst, Hilflosigkeit und Trauer, die er jedoch als etwas eigenes Inneres empfindet. Denn aus seinen bisherigen Erfahrungen mit Gefühlen weiß er, dass äußere Berührungen Gefühle auslösen können, die er in sich hat. Sonst könnte er sie ja nicht wahrnehmen.

Wenn er mit seiner Angst, Hilflosigkeit und Trauer durch innere Erfahrungen schon vertrauter geworden ist, kann er sie jetzt ertragen und muss nicht sofort (unbewusst) gegen sie vorgehen. Er lässt zu, dass er Angst hat und sich hilflos und traurig fühlt. Und wenn er schon mit diesem inneren Weg vertrauter ist, vertieft er diese Beziehung, indem er zum Beispiel sagt: »Angst, Hilflosigkeit und Trauer, ich spüre euch.«

Vielleicht freut er sich dann ein bisschen, dass er daran gedacht hatte, so mit seinen unangenehmen Gefühlen umzugehen. Vielleicht kommen dann Zufriedenheit und Freude dazu, die er auch wahrnimmt und innerlich anspricht. Wenn er daran denkt, dass er in drei Wochen fliegen wird, macht er sich auch Sorgen, ob er sicher landen wird. Er nimmt diese Sorgen wahr und sagt: »Sorgen, ich lasse euch auch zu.« Vielleicht denkt er dann an die Risiken des Lebens und an den Tod, mit dem er innerlich auch schon Kontakt hatte und jetzt offener umgehen kann. So erlebt der Mensch einen Augenblick der inneren Beziehung, der sein Vertrauen in seine Gefühle und in sein Leben vertieft. Er fühlt sich ruhig, vielleicht sogar geborgen in sich.

In diesem Beispiel stelle ich zwei Haltungen einander gegenüber, die zu ganz unterschiedlichen Erfahrungen und Verhaltensweisen von Menschen führen können. Nach meinen vielen Erfahrungen bin ich mir sicher, dass sich ein achtsameres und bewussteres Leben angenehmer und leichter anfühlt. Ein unbewusster Mensch macht sich durch die meistens gar nicht wahrgenommenen Bewertungen und die daraus entstehenden Abwehrhaltungen sein Leben unangenehmer und schwieriger.

Achtsamer und bewusster mit sich selbst zu leben entspricht anderen Vorstellungen als sie bei uns üblich sind. Man findet solche Ansätze in anderen Kulturen, zum Beispiel in der Meditationspraxis des Buddhismus. Man verändert seine Vorstellungen, wenn man vom Christen zu Buddhisten wird. Man kann seine Vorstellungen jedoch auch experimentell ändern, ohne in eine neues System eintauchen zu müssen. Im eigenen Geist steht uns alles zur Verfügung.

Bewusstheit ist keineswegs besser als Unbewusstheit. Beides ist in jedem Menschen. Es geht also nicht darum, die Unbewusstheit zu überwinden, um sich von ihr zu befreien und nur noch bewusst zu leben. Man kann sich seine Unbewusstheit gestatten und sogar bewusster und freundlicher mit ihr umgehen.

Ein bewussterer Umgang mit Erinnerungen

Im ersten Kapitel über die geistige Welt habe ich kurz die Erinnerungen betrachtet. Das sind Gedanken an etwas, was wir früher einmal in der äußeren Welt oder in uns selbst erlebt haben: zum Beispiel angenehme und unangenehme Beziehungen zu den Eltern in der Kindheit, Erfahrungen mit der Natur und der Technik. Ein Haustier, das wir als Kind geliebt haben. Ein Auto, das der Vater besaß. Ebenso werden Vorgänge erinnert, die sich in uns abgespielt haben: bestimmte Gefühle beim Lesen eines Buches oder beim Hören eines Musikstückes. Inhalte von Träumen und Visionen. Und auch Gedanken, die wir in einer bestimmten Situation hatten.

So ist jeder Mensch im Geist erfüllt von den Erlebnissen seines bisherigen Lebens. Wie weit Erinnerungen zur Verfügung stehen, ist sehr individuell. Es hängt auch von der Intensität und den Inhalten der Erfahrungen ab. Besonders eindrucksvolle Erlebnisse bleiben lange im Gedächtnis haften, soweit man sie nicht – unbewusst – verdrängt, weil sie unerträglich sind. Übliche alltägliche Vorgänge werden meistens schnell wieder vergessen. Sich an sie zu erinnern, fällt schwer oder ist ganz unmöglich, weil die Vorgänge mit wenig Aufmerksamkeit und wenig Gefühlen im eigenen Inneren abgelaufen sind.

Aus vielen Erfahrungen auch mit anderen Menschen weiß ich jedoch, dass man eigentlich nichts vergisst. Manchmal werden in inneren Erfahrungen Erinnerungen an ganz unbedeutende Ereignisse wach, worüber sich der Mensch sehr wundert.

Erinnerungen stammen aus allen Phasen unseres Lebens. Manchmal kommen eindrucksvolle Erinnerungen an die Zeit im Mutterleib auf. So habe ich zum Beispiel miterlebt, wie jemand in der ersten Zeit nach seiner Zeugung im Mutterleib hörte, dass seine Eltern darüber sprachen, ob sie ihn haben wollten und könnten. Der Mensch war von dieser Erinnerung sehr betroffen und fragte später seine Eltern, ob sie an einen Schwangerschaftsabbruch gedacht hatten. Da waren auch sie betroffen und bestätigten ihm, dass sie wegen Problemen in ihrer Beziehung und wegen finanzieller Schwierigkeiten darüber miteinander gesprochen hätten.

Da wir von innen und außen an jedem Tag geradezu unendlich viele Eindrücke erleben, ist es verständlich, dass wir nicht alle Erinnerungen verfügbar haben. Sie »verblassen« zum Teil sehr schnell. So weiß man manchmal schon wenige Minuten später nicht mehr genau, was man gerade getan oder gedacht hat. Es ist meistens auch nicht nötig, sich daran zu erinnern.

Der Mensch benutzt seine Erfahrungen, um daraus bewusst oder unbewusst zu lernen. Nur weil wir uns erinnern können, lernen wir als Kind viele Verhaltensweisen durch Erfahrungen mit anderen Menschen. In Schule und Ausbildung wird ganz systematisch gelernt, indem man Vorgänge so oft wiederholt, bis sie »im Gedächtnis haften« bleiben. Es reicht offensichtlich nicht aus, einen bestimmten Buchstaben nur einmal zu sehen, um ihn dauerhaft zu erinnern. Man prägt sich diesen Buchstaben, seine Aussprache und seine Bedeutung durch mehrfache, manchmal häufige Wiederholungen ein.

So entstehen alle die vielen Fähigkeiten des Menschen, die er auf der Erde braucht. Bei schweren Erkrankungen des Gehirns (zum Beispiel Alzheimer) kann man erkennen, was mit einem Menschen geschieht, dem Erinnerungen nur noch eingeschränkt oder gar nicht mehr zur Verfügung stehen. Es ist sicher, dass Erinnerungen eine sehr wichtige Form des Denkens sind. Denn in ihnen werden alle sozialen Beziehungen und alle Fähigkeiten angelegt, in der Welt zu leben.

Es ist sehr interessant und außerordentlich hilfreich, sich mit Erinnerungen zu beschäftigen. Das geschieht natürlich in vielen Bereichen der Sozialwissenschaften und der Therapien. Dabei konzentriert man sich jedoch weitgehend auf einen einzigen Aspekt von Erinnerungen, nämlich auf die Beschäftigung mit der Vergangenheit. Man analysiert vergangenes Verhalten, besonders in der Beziehung zu anderen Menschen, die an den Vorgängen beteiligt waren. Gab es dabei Probleme, versucht man, mit den anderen »ins Reine zu kommen« und sein eigenes Verhalten zu verändern.

Ein anderer Aspekt wird bei uns jedoch fast nie betrachtet: Erinnerungen finden im Augenblick der Wahrnehmung im eigenen Geist statt. Sie sind innere Gegenwart. Auch wenn die Themen oder Bilder aus der Vergangenheit stammen, sind sie ein Teil des gegenwärtigen inneren Zustands des Menschen.

Damit kann man mit Erinnerungen genauso umgehen, wie mit anderen Geistesvorgängen, wie zum Beispiel Vorstellungen oder Träumen. Man kann mit Erinnerungen innere Erfahrungen machen und sich kennen lernen. Man darf sie dabei auch verändern oder sie sich verändern lassen. Man muss keineswegs an dem Bild festhalten, das es so oder ähnlich in der Vergangenheit gegeben hat.

Die meisten Menschen glauben jedoch, dass man nicht einfach mit seinen Erinnerungen machen darf, was man will. Denn Erinnerungen sind ja Gedanken an etwas, was man wirklich erlebt hat. Die kann und darf man nicht verändern. Für eine Zeugenaussage vor Gericht ist das richtig. Dort muss man sich möglichst genau an das erinnern, was wirklich geschehen ist. Wenn sich ein Zeuge etwas ausdenkt, dann lügt er.

Ähnliche Vorstellungen gibt es auch in den meisten Therapien. Man versucht, sich möglichst genau an vergangene Erfahrungen zu erinnern, um damit zu arbeiten. Dabei darf man sich nicht einfach etwas vorstellen oder fantasieren.

Erinnerungen sind jedoch keine Abbilder äußerer Ereignisse, sondern ganz persönliche Gedanken und Vorstellungen zu etwas, was man erlebt hat. Juristen, Polizisten und Sozialwissenschaftler wissen ja, dass es nur selten eindeutige und genaue Erinnerungen gibt, wenn man etwas Geschehenes »objektiv« erfassen muss.

Benutzt man Erinnerungen bei inneren Erfahrungen, dann geht es nur um die persönlichen Eindrücke und nicht um objektive Genauigkeit. Schildert der Mensch Erinnerungen, dann berichtet er nicht in erster Linie von dem, was er erlebt hat, sondern von dem, was er jetzt in sich sieht oder spürt. Er benutzt äußere Gestalten und Situationen, um etwas auszudrücken, was in diesem Augenblick in ihm stattfindet. Dabei ist es unbedeutend, ob das, was er schildert, genauso oder ziemlich ähnlich oder ganz anders in der Vergangenheit stattgefunden hat. Seine »Erinnerungen« können sogar vollständig erfunden, fantasiert oder eingebildet sein. Der Mensch schildert immer seinen gegenwärtigen inneren Zustand. In inneren Erfahrungen haben Erinnerungen daher folgende Eigenschaften:

- Erinnerungen sind Gedanken, die sich mit allen möglichen Erfahrungen in der Vergangenheit beschäftigen.
- Erinnerungen finden jedoch in der Gegenwart im eigenen Geist statt. Damit drücken sie gegenwärtige innere Vorgänge und Zustände aus. Der Mensch benutzt dafür Themen oder Bilder, die ihm aus früheren Erfahrungen vertraut sind, um die eigene innere Gegenwart darzustellen.
- Sie enthalten immer alle persönlichen Aspekte, die man im Au-

genblick des Erlebnisses empfindet. Daher geben Erinnerungen nie objektiv das wieder, was wirklich geschehen ist.

- Sie enthalten ebenso die persönlichen Aspekte, die man im Augenblick der Erinnerung empfindet. Daher können sich Erinnerungen im Laufe der Zeit verändern, entsprechend den Veränderungen von Vorstellungen, Erwartungen, Bewertungen im Menschen selbst. Das geschieht häufig, wenn man schwierige und leidvolle Erlebnisse immer erträglicher und »rosiger« erinnert. Man verbrämt das Geschehene, um besser damit leben zu können.
- Erinnerungen sind ein sehr schöner Zugang nach innen, wenn man sie so nutzt. Denn sie drücken die innere gegenwärtige Situation des Menschen aus. Man braucht nie zu prüfen, ob etwas so war, wie der Mensch es jetzt erinnert. Man kann ihn ermutigen, sich einfach mit dem innerlich zu beschäftigen, was als Erinnerung jetzt deutlich ist.
- Da geistige Vorgänge ganz lebendig und veränderlich sind, gilt das auch für Erinnerungen. Sie können sich während einer Betrachtung von selbst verändern und sind dann immer noch »richtig« als innere Erfahrung. Oder man kann sie bewusst selbst verändern. Man lügt dann nicht, sondern nutzt die große innere Freiheit, sich Vorstellungen und Gedanken zu machen, mit denen man leichter und besser leben kann.

Ein Missbrauch!?

Im Folgenden gebe ich Teile einer inneren Begleitung wieder, in der diese Eigenschaften von Erinnerungen ganz deutlich werden. Sie tragen dazu bei, ein schwieriges Thema innerlich zu erlösen.

Eine Frau (F:) erzählt mir vor einer inneren Begleitung, dass ihre Therapeutin ihr gesagt hat, dass sie typische Merkmale von sexuellem Missbrauch in der Kindheit aufweist. Sie hat so etwas auch schon öfter vermutet, kann sich jedoch nicht daran erinnern. Ich (I:) mache ihr deutlich, dass es in einer inneren Erfahrung nicht wichtig ist, was früher einmal geschehen ist. Sie kann sich dem Thema des Missbrauchs trotzdem zuwenden. Nach dem Besuch ihres Herzens und nach dem Kontakt zu einigen Gefühlen frage ich:

I: Wie fühlst du dich denn jetzt, wenn du an einen sexuellen Missbrauch in deiner Kindheit denkst?
F: Ich bin ziemlich ruhig. Eigentlich bin ich neugierig.
I: Sprich deine Neugier an.
F: Neugier, ich spüre dich. Hilf mir doch, an dieses Thema heran zu kommen.
I: An wen denkst du jetzt? Wer könnte dich missbraucht haben?
F: Mir war schon immer ein Onkel ziemlich unheimlich. Er ist jünger als mein Vater. Er hat in meiner Kindheit ganz in der Nähe im Ort gelebt.
I: Was war dir unheimlich an ihm?
F: Ich mochte ihn ganz gern, aber wenn er mir zu nahe kam, hatte ich auch Angst. Ich weiß bis heute nicht, warum.
I: Wie erinnerst du diesen Onkel aus deiner Kindheit?
F: Er war vor seiner Ehe oft bei uns. Er war fröhlich und meine Eltern mochten ihn gern. Er spielte öfter mit mir und hat mich auf den Arm genommen. Ich erinnere mich, dass er mich auf die Schultern gesetzt hat und mit mir durch den Garten ging. Das war ein schönes Gefühl.
I: Dann sage ihm doch, dass du dich bei ihm ganz wohl fühlst.
F: Onkel Heinz, ich fühle mich wohl bei dir.
Er freut sich und wirft mich in die Luft, was er auch öfter mit mir gemacht hat.
I: Wie fühlst du dich, wenn du daran denkst, dass er dich sexuell belästigt haben könnte?
F: Plötzlich ist die ganze Stimmung anders. Ich bin traurig und ich habe Angst. Ich weiß gar nicht, wovor.
I: Wie verhält er sich denn jetzt?
F: Ich liege im Bett und er steht ganz riesig daneben. Er guckt mich von oben her an. Ich habe große Angst.
I: Sage es ihm.
F: Onkel Heinz, ich habe große Angst vor dir. Du bist so groß.
Ich merke, dass ich ganz nackt im Bett liege.
Er guckt so stark. Ich schäme mich. Ich mag das nicht.
Onkel Heinz, ich will nicht, dass du mich so anguckst.
I: Wie verhält er sich?
F: Er starrt immer noch. Und dann fasst er mit seiner großen Hand meinen Bauch an. Er streichelt ihn. Ich schäme mich. Ich will das nicht.

Onkel Heinz, ich will nicht, dass du mich anfasst.
Er nimmt seine Hand weg und starrt immer noch auf mich.

I: Was könnte er mit dir machen, wenn du dich nicht schützt?

F: Das macht mir richtig Angst. Ich mag mir gar nicht vorstellen, was er dann mit mir machen wird.

I: Willst du es trotzdem ausprobieren und ihm mit Angst sagen, dass er jetzt mit dir machen kann, was er will. Wenn es nicht geht, musst du es ihm aber nicht sagen.

F: Angst, ich spüre dich.
Ich will es versuchen.

I: Du kannst es abbrechen, wenn es dir unerträglich wird. Du brauchst nur Stopp zu sagen, um es zu beenden.

F: Gut, Onkel Heinz, du kannst jetzt mit mir machen, was du willst. Ich habe Angst vor dir.

I: Was macht er da mit dir?

F: Er guckt nur. Er lächelt sogar ein bisschen. Er bleibt ganz ruhig.
Aber jetzt nimmt er mich nackt aus dem Bett. Er nimmt mich in seine Arme. Ich habe wieder Angst.
Er bleibt aber ganz ruhig. Er fühlt sich ganz warm und stark an.
Er sieht ganz liebevoll aus. Er tut mir nichts. Er hält mich einfach.

I: Wie fühlst du dich?

F: Ich bin ganz erleichtert. So fühle ich mich bei ihm ganz wohl, auch wenn ich nackt bin. Es ist gar nicht mehr peinlich.
Onkel Heinz, ich fühle mich wohl in deinen Armen.

I: Frage ihn, ob er in dir ist, der dich in seinen Armen hält?

F: Wie meinst du das?

I: Du liegst hier und hast deine Augen geschlossen und schaust nach innen. Da ist niemand, der dich außen in den Armen hält. Du hast dich etwas Innerem anvertraut, das so aussieht, wie dein Onkel Heinz. Du kannst diese Gestalt fragen, ob sie dein innerer Mann oder vielleicht dein innerer Vater ist.

F: Onkel Heinz, bist du mein innerer Mann?
Er lacht und sagt Ja. Das wundert mich nun aber.
Es ist ja richtig schön mit ihm.
Und jetzt bin ich erwachsen und angezogen und er hält mich genauso warm und wohlig in seinen Armen.

I: Spüre, dass alles von innen kommt. Du begegnest einem Teil deiner Männlichkeit, zu dem du bisher nicht viel Beziehung und Vertrauen hattest. Durch die Angst vor dem Missbrauch hast du dich bisher innerlich vor dieser Kraft in dir geschützt.

Das musst du jetzt nicht mehr tun. Du kannst mit diesem inneren Mann offener und vertrauter leben. Du kannst mit ihm auch ganz bewusst Experimente machen und dich ihm ausliefern, um dich innen auch mit deiner Sexualität vertrauter zu machen. Außen ist es anders. Da musst du dich niemandem ausliefern, wenn du es nicht möchtest. Innen musst du jedoch deine Weiblichkeit nicht mehr vor deiner Männlichkeit schützen.

Ganz ähnliche Erfahrungen mache ich auch in Fällen, in denen der Missbrauch oder eine Vergewaltigung wirklich stattgefunden hat und von der Frau erinnert wird. Auch da ermutige ich, im Laufe einer inneren Erfahrung sich dem Mann zu nähern, ihn zu erfahren und – wenn es der Frau möglich ist – sich dem (inneren) Mann auszuliefern. Es kann sein, dass sich der in der Vergangenheit erlebte sexuelle Vorgang »wiederholt«. Das geschieht natürlich jetzt auf einer ganz anderen Ebene und führt immer dazu, dass die Frau zu ihrer bisher bedrohlichen Männlichkeit, zu ihrer bisher bedrohten Weiblichkeit und zu ihrer Sexualität mehr Vertrauen gewinnt.

Man muss sich also nicht scheuen, auch mit den Erinnerungen an sehr unangenehme und unerträgliche äußere Vorgänge innere Erfahrungen zu machen. Dort kann man alles tun, was man möchte. Dort kann man auch alles zulassen, was in der äußeren Welt schädlich oder gar tödlich wäre. In solchen Erfahrungen erlösen sich bisherige Schutzhaltungen, die vor allem – meistens unbewusst – nach innen gerichtet waren.

Geist und Gefühle

Auch wenn man nicht besonders bewusst mit sich umgeht, spürt man immer wieder, dass bestimmte Gedanken Gefühle auslösen und auch körperliche Veränderungen bewirken. So kann man sich in inneren Erfahrungen nicht nur seiner Gedanken bewusst werden, sondern auch ihrer Wirkungen auf die Gefühle und den Körper.

Es ist selbstverständlich, dass eine angenehme Erinnerung Wohlbefinden auslösen kann. Man denkt zum Beispiel an den Ort, in dem man sich im Urlaub wohl gefühlt hat, und spürt Freude oder Glück, obwohl man sich gerade im kühlen und feuchten Deutschland befindet. Und es ist vertraut, dass der Gedanke an eine schwierige finanzielle Situation Unbehagen, Angst und Unzufriedenheit hervorruft.

Das ist jedoch ein anderer Vorgang als man bei uns glaubt. Wie ich schon im vorherigen Kapitel darstellte, sieht man bei uns die Ursache von Gefühlen oft außen. Das schöne Wetter am Urlaubsort soll die Ursache für das Wohlbefinden der Urlauber sein. Und das nasskalte Wetter in Deutschland soll einen unzufrieden und depressiv machen. Deswegen versucht man, möglichst oft und lange dorthin zu gehen, wo man sich wohl fühlt.

Wäre das Wetter die Ursache der Gefühle, müssten alle betroffenen Menschen gleich empfinden. Alle Urlauber müssten in der angenehmen Wärme glücklich sein. Sie sind es jedoch nicht unbedingt. Man kann auch unter einem blauen Himmel in der schönen Wärme sitzen und sich furchtbar einsam fühlen und langweilen. Manche reisen aus solchen Gründen schnell wieder ins unbehagliche Deutschland zurück.

Es ist so wie bei der Begegnung mit einem Hund, die ich im vorigen Abschnitt geschildert habe. Nicht der Hund ist die Ursache für die Gefühle und Verhaltensweisen der Menschen, sondern deren eigene Vorstellungen und Erinnerungen. Fühlt sich der Urlauber im warmen Land wohl, liegt es an den Gedanken und Vorstellungen, die er damit verbindet. Da fast alle Menschen sich auf den Urlaub freuen und sich vorstellen, wie schön es werden wird, erleben sie es meistens auch. Die Stimmung kann jedoch schnell umschlagen, wenn sich diese Erwartungen nicht erfüllen, wenn es also zum Beispiel trotz Sonnenschein und Wärme einen Streit in der Familie gibt.

Wenn man weiß, dass Gefühle von innen kommen, kann man sich das Leben ein bisschen leichter machen. Man ist dann nicht mehr so abhängig von den äußeren Umständen, in denen man sich gerade befindet. Es ist sehr schön, in einer angenehmen Landschaft unter einem blauen Himmel zu sein. Man kann sein

Wohlbefinden genießen und ihm sagen: »Wohlbefinden, ich freue mich über dich.« Da es in einem ist, geht es auch nicht verloren, wenn man es nicht mehr spürt. Man braucht sich im nasskalten Deutschland nur an die Urlaubslandschaft und an den Himmel erinnern, um wieder ein wenig Wohlbefinden zu spüren. Auch das kann man ansprechen und sich darüber freuen, dass es da ist.

Die Beziehung zwischen geistigen Vorgängen und Gefühlen geht jedoch nicht nur in eine Richtung. Wenn man ein Gefühl wahrnimmt, kann man sich auch bewusst werden, was gerade im eigenen Geist geschieht.

So erlebe ich immer wieder mit, dass jemand eine innere Gestalt wahrnimmt, wenn er sich einem Gefühl zuwendet. Die Trauer kommt dann zum Beispiel als eine dunkle, verhüllte weibliche Gestalt daher. Von der kann man sich (innerlich) berühren oder in die Arme nehmen lassen. Das führt – im Geist – zu einer innigen Beziehung zur Trauer.

Oder man erinnert sich bei einem bestimmten Gefühl an eine äußere Situation oder einen Menschen. Spürt man unerwartet Geborgenheit, erinnert man sich vielleicht an eine geliebte Großmutter, bei der man sich so wohl gefühlt hat. Man kann sagen: »Großmutter, ich fühle mich bei dir ganz geborgen. Ich danke dir.« Und dann kann man fragen: »Großmutter, bist du in mir, die ich jetzt spüre?« Ich bin sicher, dass man bald weiß, dass man immer bei sich ist, auch wenn eine Gestalt des Geistes so aussieht wie ein äußerer Mensch. Wie schön ist es zu wissen, dass man Geborgenheit spüren kann, wenn man sich an die »innere Großmutter« wendet.

Geist und Körper

Vorgänge im eigenen Geist führen nicht nur zu Gefühlen, sondern auch zu Reaktionen im Körper. Dabei muss man nicht überlegen, ob der Geist die Gefühle schafft, die dann zur Körperreaktion führen. Denn alle Ebenen unseres Wesen sind miteinander verwoben.

Denkt man zum Beispiel an die »innere Großmutter« und spürt Geborgenheit, dann merkt man vielleicht, dass der Körper sich entspannt und sich ein bisschen fließender und lebendiger anfühlt. Man kann dann den Körper oder die Entspannung oder die Lebendigkeit ansprechen oder alle drei, also zum Beispiel: »Körper, ich freue mich, dass du dich entspannst und lebendiger bist.« Diese Hinwendung findet natürlich auch wieder im eigenen Geist statt. Dort kann es sogar Antworten geben. Vielleicht brummt der Körper: »Ich freue mich, dass du mich spürst und mit mir sprichst.« Vielleicht wird er ein bisschen wärmer und weicher.

Beginnt man, bewusster mit dem Körper zu leben, wird einem immer wieder deutlich, wie eng Gedanken, Gefühle und der Körper zusammenhängen. Fast jeder hat schon einmal gespürt, was geschieht, wenn man einem Menschen begegnet, der einem so sympathisch und angenehm erscheint, dass man sich in ihn verliebt. Es beginnt nicht im Bauch, wie man meistens sagt, sondern in den Vorstellungen, Bewertungen und Erwartungen, die in der Begegnung entstehen. Daraus entsteht eine große Sehnsucht nach Nähe und Berührung, die oft mit starker Sexualität verbunden ist. An diesem aufwühlenden Vorgang ist auch der Körper beteiligt, der viele lebendige Kräfte fließen lässt, um das Ziel zu erreichen. Er produziert Unruhe (im Bauch), Erregung, Kraft und Leichtigkeit. Man könnte fast fliegen oder schweben. Da sind viele angenehme Gefühle und Energien, die man genießt. Da sind natürlich auch Angst, Unsicherheit und Zweifel, die man im »Rausch der Sehnsucht« jedoch kaum spürt.

Ein ähnliches inneres Getümmel entsteht in einer Begegnung, in der man auf jemanden wütend ist und den man hasst. Auch das entsteht durch Vorstellungen und Enttäuschungen, weil der

Mensch sich nicht so verhält, wie man es möchte. Diese Unerträglichkeit bezieht sich vor allem auf die eigenen Gefühle, die durch das Verhalten des anderen ausgelöst werden. Man ist enttäuscht, hilflos, hat Angst und fühlt sich verletzt oder bedroht. Man versucht, das durch eine starke Abwehr sofort zu vermeiden oder unter Kontrolle zu bringen. Da man den anderen Menschen als Ursache des eigenen unerträglichen Zustands ansieht, wendet man sich gegen ihn, um ihn zu verändern oder loszuwerden. Das ist fast immer mit starken Aggressionen verbunden, die man unbewusst nach innen gegen die unerträglichen Gefühle richtet und gleichzeitig gegen den »Verursacher«. Im Körper werden kraftvolle, bedrängende Energien spürbar, die man kaum noch ertragen kann. Man könnte vor Wut platzen. Die meisten Menschen können diese Kräfte mit Müh und Not unter Kontrolle halten und den anderen nur verbal angreifen, der sich entsprechend wehrt.

Verliert jemand die Kontrolle über einen solchen Vorgang, geht es über in körperliche Gewalt, bei der beide Betroffenen Schaden nehmen. Auch wenn man anschließend verletzt ist und Schuldgefühle wegen der Gewalt hat, ist es ein erleichternder Vorgang, der den inneren und körperlichen Druck abbaut.

Man muss sich nur einmal klar machen, was alles vom Geist ausgeht und welche weitreichenden Wirkungen es auf Gefühle und den Körper hat, wenn jemand mit einem gewinnenden Lächeln auf einen zukommt oder wenn ein anderer Mensch einem sagt, dass man ein Vollidiot ist.

Was ich eben geschildert habe, sind Beispiele für akute Auswirkungen von Vorstellungen und Erwartungen. Daneben gibt es jedoch die längerfristigen, chronischen Auswirkungen von meistens unbewussten Vorstellungen, die man immer mit sich herumträgt.

So führt zum Beispiel die bei uns übliche Ansicht, dass es im eigenen Inneren Böses oder Zerstörerisches gibt, zu Blockaden auf allen Ebenen. Man schützt sich vor solchen Eindrücken im Geist und lässt dort entsprechende Bilder oder Gestalten möglichst gar nicht ins Bewusstsein kommen. Wird man doch von ihnen berührt, verdrängt oder bekämpft man die Gefühle Angst, Hilflosigkeit, Aggression und Gewalt und blockierte deren vitale Energien. Da man sie nicht überwinden oder vernichten kann, fühlt man sich immer stärker von ihnen bedrängt und spürt immer mehr Angst. Die Blockaden müssen verstärkt werden.

Das kann man nach einiger Zeit im Körper wahrnehmen, in dem entsprechende Energien auch unter Kontrolle gehalten werden. Das kann sich in allgemeinem chronischem Energiemangel wie zum Beispiel niedrigem Blutdruck auswirken. Das kann aber auch spezielle Körperbereiche oder Organe berühren, die innerlich mit den abgewehrten Themen verbunden sind. Ich kann und will keine Zuordnungen vornehmen. Man kann jedoch bei inneren Erfahrungen die Dinge manchmal wörtlich nehmen. Wenn man zum Beispiel nicht hinschauen mag zu dem, was in einem ist, dann sehen manchmal die physischen Augen auch nicht mehr so gut. Wenn man unter der Last des Lebens stöhnt, können die Schultern verspannt sein. Wenn man unangenehme Gefühle blockiert, gibt es vielleicht den Kloß im Hals oder die Enge in der Brust.

Ich weiß, dass es Bücher über die Zuordnung von körperlichen Symptomen und inneren Themen gibt. Die können hilfreich sein, um die Beziehungen zwischen den Ebenen deutlich zu machen. Es gibt nach meinen Erfahrungen jedoch keine festen Zuordnungen wie es viele Menschen gerne hätten. Ich erlebe immer wieder ähnliche Symptome mit und erfahre, dass fast jeder Mensch seine eigenen Themen damit verbindet. Deswegen gerade empfehle ich, eigene Erfahrungen zu machen, um zu wissen, wie man selbst ist. Ein Kloß im Hals kann einem eine interessante eigene Geschichte erzählen. Und wenn man nach zwei Tagen wieder zu ihm kommt, erlebt man etwas ganz anderes. Der Prozess der direkten Erfahrungen führt jedoch dazu, dass man viel mehr Beziehung zu sich gewinnt, mehr Vertrauen spürt und vielleicht mit anderen Vorstellungen über sich selbst und die Welt leben kann.

Experimente im eigenen Geist machen

Man kann sich der Vorgänge im eigenen Geist bewusst werden, um mit sich selbst vertrauter zu werden. Man kann aber auch Experimente mit bewussten Gedanken, Erinnerungen, Vorstellungen oder Fantasien machen, um sich bestimmte Gefühle und Körperreaktionen zu verschaffen oder die eigenen Reaktionen in der äußeren Welt zu verändern.

Es sich innerlich gut gehen lassen

Es ist völlig legitim, sich bewusst Gedanken oder Vorstellungen zu machen, mit denen man sich wohl fühlt. Bei uns ist es leider ganz üblich, sich nur mit sich selbst zu beschäftigen, wenn es einem schlecht geht. Spürt man unangenehme Gefühle oder Krankheitssymptome im Körper, dann kann man das eigene Innere nicht mehr übersehen und wendet sich ihm zu. Meistens jedoch mit der Absicht, dass man die leidvollen Zustände anschließend nicht mehr hat.

Die große Freiheit des Menschen ist jedoch, dass er sich in allen Zuständen erfahren kann. Es ist natürlich besonders beglückend, wenn man sich wohl fühlt und dann bewusst damit Kontakt aufnimmt. Das ist bei uns leider fast unbekannt.

In jeder Situation darf man sich aber auch das Leben ein bisschen leichter machen, indem man an etwas denkt oder es sich vorstellt, mit dem man sich wohl fühlt. Viele Menschen machen das – meistens ganz unbewusst – in einer schwierigen äußeren Situation und verschaffen sich damit Erleichterung. Sie denken zum Beispiel mitten im Stress des Alltags (des Berufs) kurz an einen geliebten Menschen, an eine vertraute Landschaft oder an die Beschäftigung mit ihrem Hobby und fühlen sich einen Augenblick wohl.

Oft brechen sie den angenehmen Zustand jedoch ebenso unbewusst wieder ab. Manchmal mit Schuldgefühlen, dass sie nicht standgehalten haben und aus der Situation geflüchtet sind. Oder sie »kehren zurück in die äußeren Realität« und sind frustriert oder traurig, dass sie jetzt nicht das tun können, woran sie eben gedacht haben. Oder sie bewerten ihre Gedanken und Gefühle als »nicht reale« Fantasien oder Träume und genießen das angenehme Gefühl nicht als eigenen inneren Vorgang. Oder sie verbieten sich angenehme Gedanken, weil sie sich anschließend noch schlechter fühlen werden.

Macht man sich mit solchen Verhaltensweisen vertrauter, muss man nicht immer wieder so unbewusst mit ihnen umgehen. Man kann also innere Experimente mit sich machen und bewusst ausprobieren, welche Gedanken zu bestimmten Gefühlen führen. Erinnerungen an einen schönen Urlaub führen zur Freude und vielleicht zu einem Gefühl der Freiheit und Weite. Gedanken an einen liebevollen Menschen lösen Zuwendung, Angenommensein und Geborgenheit im eigenen Inneren aus. Vorstellungen von einem Geldgewinn oder von Reichtum berühren einen im Glück und in der Zufriedenheit. Gedanken an eigene Fähigkeiten, die man im Beruf oder im Alltag verwenden kann, lösen Zufriedenheit und Dankbarkeit aus.

So erlebt man, dass bestimmte Gedanken, Vorstellungen oder Erinnerungen zu erfreulichen Gefühlen und vielleicht sogar zu angenehmen Veränderungen im Körper führen. Das kann man sich jederzeit und überall gönnen, wenn man es möchte.

Für derartige innere Experimente empfehle ich, sich den Gedanken und den Reaktionen bewusst zuzuwenden und mit dem, was man sich vorstellt oder was man spürt, (laut oder leise) zu sprechen, um den Kontakt zu vertiefen. Man könnte sagen: »Urlaubslandschaft, ich denke an dich und fühle mich sehr wohl. Ich genieße dich.« Vielleicht spürt man dann, dass man nicht zu einer äußeren Landschaft spricht, sondern zu etwas eigenem Inneren, in dem man sich wohl fühlen kann und darf. Anschließend kann man sagen: » Freiheit und Weite, ich freue mich über euch.« Und vielleicht auch noch: »Entspannung im Körper, ich mag dich.«

Damit wird ein Vorgang, der bei den meisten Menschen ganz unbewusst abläuft, zu einem Augenblick der Beziehung nach innen. Man fühlt sich wohl in sich selbst und genießt einen inneren Zustand.

Wird man sich dann wieder der – vielleicht nicht so angenehmen – äußeren Situation bewusst, bleibt ein bisschen des Angenehmen erhalten. Selbst wenn man es dann nicht mehr spürt, weiß man, dass man es in sich wiederfinden kann, wenn man es möchte. Solche Erfahrungen werden im Laufe der Zeit selbstverständlicher. Sie werden tragfähig, auch wenn man sich in der äußeren Situation nicht wohl fühlt.

Man muss solche Augenblicke, in denen man sich Wohlbefinden verschafft, nicht als »Flucht aus der Realität« abwerten und sie sich verbieten. Eigentlich kann man nur auf der Erde leben, wenn man – auch ganz unbewusst – immer wieder Vorstellungen und Erinnerungen benutzt, um sich zwischendurch zu entlasten. Ein Mensch, der das vergisst oder es sich verbietet, beschränkt sich weitgehend auf die schwierigen und unangenehme Aspekte seines Lebens. Das kann zu sehr leidvollen Zuständen wie zum Beispiel Depressionen führen.

Im Laufe der Zeit habe ich eine ganze Reihe von Menschen mit ungewöhnlichen Fähigkeiten kennen gelernt und einige bei ihren inneren Erfahrungen begleitet. Unter anderem auch »Geistheiler« verschiedener Art. Viele von ihnen empfinden sich als Priester, die durch ihre Fähigkeiten den Menschen ermutigen, eine andere Einstellung zu sich selbst und zu der Welt zu gewinnen.

Wenn sich jemand einem solchen Heiler anvertraut, glaubt oder hofft er, dass die geistige Ebene Wirkungen auf den physischen Körper haben kann. Allein durch diese Vorstellung gewinnt er mehr Beziehung und Vertrauen zur inneren Welt. Jesus sagt einem Geheilten in der Bibel: »Dein Glaube (Vertrauen) hat dich geheilt.« Die Wirkungen eines Geistheilers entstehen im Geiste des Behandelten. Der Körper kann sich dann verändern.

Daher ist es durchaus möglich, dass derartige Wirkungen auch ohne die Hilfe eines äußeren Heilers entstehen können. Gewinnt man auf irgendeine Weise mehr Beziehung zu sich, empfindet man sich in einem größeren Zusammenhang oder lernt man seinen inneren Heiler kennen, dann kann Heilung auf allen Ebenen entstehen, auch im physischen Körper.

Es sich bewusst schlecht gehen lassen

Wenn jemand den Wunsch hat, »bei sich zu sein« und sich besser kennen zu lernen, geht es natürlich nicht nur um seine angenehmen Seiten, sondern auch um die inneren Zustände und Vorgänge, die schwierig, unangenehm und leidvoll sind.

Um solche Gefühle und Energien zu spüren, muss man nicht warten, bis sie sich melden, sondern man kann sie sich genauso verschaffen wie die angenehmen Zustände: Man braucht nur an etwas zu denken oder sich an etwas zu erinnern, bei dem man sich unwohl fühlt. Erinnert man sich bewusst an eine Situation, in der man eine Bedrohung gespürt oder erlebt hat, ist man bei seiner Angst, Hilflosigkeit vielleicht auch Verzweiflung. Denkt man an jemanden, der einen herabgesetzt oder beleidigt hat, spürt man Hilflosigkeit und Wut. Stellt man sich einen Menschen vor, den man gern mag und der einen verlassen hat, dann kann man Trauer, Hilflosigkeit und Verlassenheit spüren.

Auch derartige Gefühle können zu deutlichen Reaktionen im Körper führen. Bei Angst gibt es vielleicht den Kloß im Hals, bei Hilflosigkeit Spannungen in den Schultern und bei Trauer kann der Brustkorb eng werden.

Ein mit sich unvertrauter Mensch versucht derartige unangenehme Gefühle und Körperzustände zu vermeiden und verbietet sich derartige Gedanken: »Sie sind ja sowieso keine Realität. Man kann sie einfach wegscheuchen und sich mit Dingen beschäftigen, die einem angenehmer sind.« Natürlich darf man das. Leider merken die meisten Menschen jedoch nicht, dass der Entschluss, das Unangenehme zu vermeiden, auch ein Vorgang im eigenen Geist ist, der seine Wirkungen innen und in der äußeren Welt hat.

Man kann jedoch sehr interessante und bei uns ganz unvertraute Experimente mit allen schwierigen, bedrohlichen und leidvollen Themen machen. Erinnert man sich zum Beispiel an einen unangenehmen Menschen, an dem man gelitten hat, ist man ganz im eigenen Geist. Die Gestalt, an die man denkt, sieht zwar so aus wie der äußere Mensch, sie ist jedoch etwas eigenes Inneres. Das zu glauben, fällt den meisten Menschen am Anfang dieses inneren

Weges recht schwer. Denn man versucht ja gerade nicht so zu sein, wie es der unangenehme Mensch ist oder war.

Spricht man die Gestalt an und sagt vielleicht: »Ich mag dich nicht« oder »Ich hasse dich für das, was du getan hast«, dann wird meistens deutlich, dass man zu sich spricht und nicht zu jemand anderem. Dann kann man sich der Wut, der Enttäuschung, vielleicht dem Hass und anderen unangenehmen Gefühlen, die mit dieser Gestalt verbunden sind, ebenfalls zuwenden und sie ansprechen. Man kann sich dabei gestatten, dass man sich überhaupt nicht wohl fühlt. Es ist erleichternd zu wissen, dass man sich jetzt nicht anstrengen muss, um sich besser zu fühlen.

Mit solchen Experimenten im eigenen Geist kann man sich mit schwierigen inneren Themen vertraut machen, ohne in einer unangenehmen äußeren Situation sein zu müssen. Man kann geradezu gemütlich zu Hause im Sessel sitzen oder im Bett liegen und sich durch seine Gedanken, Erinnerungen und Vorstellungen die Gefühle Angst, Hilflosigkeit, Wut oder Trauer »gönnen« und sich mit den dazugehörenden Körperreaktionen vertraut machen.

Die fühlen sich meistens undramatischer an, als wenn man in der entsprechenden schwierigen äußeren Situation wäre. Das macht den Zugang leichter. Man kann die Gefühle und Körperzustände innerlich ansprechen und sich ihnen sogar ausliefern. Das ergibt sehr interessante innere Erfahrungen, die ganz wesentlich dazu beitragen, dass man mit diesen unangenehmen Zuständen und Vorgängen vertrauter wird. Später kann man in einer unangenehmen äußeren Situation viel bewusster und offener mit solchen Gefühlen umgehen.

Dieser Abschnitt kann deutlich machen, dass die vorher geschilderten Experimente mit angenehmen Gefühlen und Zuständen nicht viel zu tun haben mit dem üblichen »Positiven Denken«. Das wird von den meisten Menschen benutzt, um unangenehme Gefühle durch angenehme zu »ersetzen«. Wenn man traurig ist, suggeriert man sich Freude. Damit wendet man sich unbewusst gegen die Trauer und versucht, sie nicht mehr zu spüren. Macht man das immer wieder, verhält man sich nicht wesentlich anders als die Menschen, die die Trauer auch ohne »positive« Gedanken unterdrücken und bekämpfen.

In inneren Erfahrungen ermutige ich die Menschen auch immer wieder, sich mit den angenehmen inneren Vorgängen zu beschäftigen. Da viele Leidende zu mir kommen, stehen die unangenehmen und bedrohlichen Gefühle ganz im Mittelpunkt ihres augenblicklichen Lebens. So wie ich es oben beschrieben habe, kann man sich Erleichterung und vielleicht sogar Freude verschaffen, indem man sich an einen liebevollen Menschen oder eine beglückende äußere Situation erinnert. Damit wird dem Menschen bewusst, dass die angenehme Seite keineswegs verloren gegangen ist, wie er bisher befürchtet hatte.

Dabei wendet man sich jedoch nicht gegen das Leiden und das Unangenehme in einem. Es fällt ein bisschen leichter, sich auch den schwierigen Dingen zuzuwenden und mit ihnen Kontakt aufzunehmen, wenn man sich nicht mehr so einseitig wahrnimmt. Wird man sich so bewusst, das Angenehmes und Unangenehmes gleichzeitig in einem ist, nähert man sich seinem »Heil«, das die Ahnung oder Gewissheit ist, dass im Inneren alles zusammen gehört. Das werde ich in diesem Kapitel noch deutlicher machen.

Mich wundert immer wieder, welchen Mut etliche Menschen aufbringen, um in der äußeren Welt Unbekanntes zu erforschen oder um sich Bedrohlichem auszuliefern. Sie gehen das Risiko ein, ihren Körper zu schädigen oder ihn gar zu töten, um etwas Aufregendes und Ungewöhnliches zu erleben. Aber kaum einer von diesen Tapferen, die in der Öffentlichkeit immer große Aufmerksamkeit auf sich ziehen, wagt es, sich seinen eigenen unangenehmen oder bedrohlichen inneren Zuständen zuzuwenden und auszuliefern. Denn es gibt immer noch die Überzeugung, dass das gefährlich ist und einen schädigen, verrückt machen oder zerstören könnte.

Solange man bei uns an solchen Vorstellungen festhält, wird die innere Welt weitgehend unbekannt bleiben. Fast jeder wird Angst vor ihr haben und sich unbewusst vor ihr schützen. Und in den meisten Therapien wird man sich weiterhin bemühen, den Menschen vor sich selbst zu bewahren, anstatt ihn in seine innere Welt zu begleiten.

»Wie außen so innen.« – Ein Irrtum?!

In unserem Geist können wir alle Bilder und Eindrücke finden, die uns die physischen Sinnesorgane von der äußeren Welt vermitteln. Innen gibt es zum Beispiel Landschaften, Tiere, Menschen, Autos, Fernseher und Waffen. Es gibt im Geist aber auch Gestalten und Orte aus Mythen und Märchen wie zum Beispiel Drachen, sprechende Felsen, Hölle, Verwandlungen von Menschen zu Tieren und umgekehrt. Gerade dieser Teil des Geistes, der keine Entsprechungen in der physischen Welt hat, scheint zu den Vorurteilen beigetragen zu haben, dass innere Bilder nicht wichtig und nicht »real« sind.

Die äußere Welt hat bestimmte Eigenschaften, die man respektieren muss, um dem physischen Körper nicht zu schaden oder ihn zu zerstören. Denn er ist sehr empfindlich für äußere Einflüsse. Er kann krank werden, sich unterkühlen, er kann verletzt oder verbrannt werden. Er wird durch Säuren und Gifte angegriffen und ist schutzlos einem großen Raubtier ausgeliefert. Und vor allem: Unser Körper ist sterblich. Eines Tages wird er ganz sicher sein Leben beenden. Vielleicht »natürlich« durch Altersschwäche oder »zu früh« durch Krankheiten oder »gewaltsam« durch Suizid, einen Unfall oder den Angriff eines anderen Menschen oder eines gefährlichen Tieres.

Jeder Mensch weiß das, und die meisten verhalten sich entsprechend. Auch wenn jemand wenig Beziehung zu seinem Körper hat, setzt er ihn nicht jeder Gefahr aus und wehrt sich im Notfall gegen Bedrohungen oder Angriffe. Der physische Körper braucht also Schutz und viel Pflege. Er muss einen Ort zum Ruhen und Schlafen haben und er muss mit Nahrungsmitteln versorgt werden, die ihm zuträglich sind. Da die meisten Menschen arbeiten müssen, um sich das dafür notwendige Geld zu verschaffen, entstehen (irdische) Mühsal und Anstrengung.

Zusätzlich erfährt jeder Mensch, dass das irdische Leben unberechenbar ist. Man kann für die Zukunft Pläne machen und versuchen, möglichst gut und zufrieden zu leben. Man muss jedoch immer wieder erleben, dass etwas anderes geschieht. Ein eben noch geliebter Mensch wird unerträglich oder wendet sich von einem ab. Die eigenen Kinder oder Angehörigen verhalten sich anders als man es erwartet hat. Man erleidet einen Unfall oder wird überraschend krank. Und in der Wirtschaft oder Politik gibt es plötzlich neue Bedingungen, die man nicht vorhersehen konnte und die man hinnehmen muss.

Sucht man in diesem irdischen Leben vor allem Glück, Zufriedenheit und Sicherheit, erfüllt es sich meistens nicht so, wie man es sich wünscht. Ist man darauf nicht eingerichtet, leidet man daran. Es kommen unangenehme Gefühle auf wie Unsicherheit, Angst, Enttäuschung und Unzufriedenheit, mit denen die meisten Menschen nicht umgehen können. Manche verzweifeln, wenn sie merken, dass sie auch mit großen Anstrengungen Schwierigkeiten und Leiden nicht verhindern können.

Zu jedem irdischen Leben gehören eben auch unangenehme Erfahrungen wie Leid, Hilflosigkeit, Angst, Unberechenbarkeit und Unzufriedenheit. Obwohl jeder Mensch im Laufe seines Lebens alle diese unangenehmen Zustände erlebt, glauben die meisten bei uns immer noch, dass sie nicht richtig sind und nicht dazu gehören. Depressionen, Verzweiflung aber auch Aggressivität können ein Ausdruck des Versuches sein, diese schwierige Seite des irdischen Lebens nicht zuzulassen. So wird die Erde zum »Jammertal«.

Die Unvertrautheit mit der inneren Welt führt dazu, dass man die Erfahrungen mit der äußeren Welt unbesehen nach innen bringt. Man weiß nicht, dass man mit unangenehmen, bedrohlichen und sogar zerstörerischen Zuständen und Vorgängen im eigenen Inneren sehr interessante Erfahrungen machen kann. Bei uns herrscht daher die Überzeugung vor, dass das, was draußen gefährlich oder zerstörerisch ist, auch im Inneren so sein muss. Während man sich in der physischen Welt bei einer Bedrohung in Sicherheit bringen muss, ist es innen völlig überflüssig. Außen wäre der Absturz vom Hochhaus tödlich, innen ist der Fall in die (dunkle) Tiefe eine Erfahrung, die viele Ängste und Abwehrhaltungen erlösen kann.

Die Vorstellung, dass es im Inneren des Menschen Böses, Schlechtes und Zerstörerisches gibt, vor dem man sich unbedingt schützen muss, führt zu einem namenlosen Elend. Viele sensible Menschen, die einen gewissen Kontakt nach innen haben, sind voller Angst vor dem, was in ihnen hochkommen kann. Sie wagen nicht, aggressive Gedanken zu haben, und sie vermeiden, auch mit Medikamenten, jedes bedrohliche Bild, das in ihnen deutlich werden könnte. Sie leben in einem ewigen Kampf gegen eigentlich lebensnotwendige (aggressive) Energien und haben ständig Angst vor ihnen, da diese ja nicht einfach verschwinden. Viele der Betroffenen zerrütten sich in der Sehnsucht nach mehr Kontakt zu sich selbst und in der Angst vor sich selbst. Das kann zu starken körperlichen Krankheitssymptomen führen, in denen zum Beispiel die im Geist unterdrückten aggressiven Kräfte deutlich werden. Das kann auch zu »Geisteskrankheiten« führen wie Schizophrenie und Psychosen.

Menschen mit solchen starken Bewertungen und Schutzmechanismen gegenüber dem eigenen Inneren suchen die Erlösung oft in der äußeren Welt. Wenn ihnen jemand verspricht, sie von Feinden, Bedrohungen und Ängsten zu befreien, sind etliche von ihnen bereit, gegen äußere Feinde und Bedrohungen zu kämpfen. Sie werden zu Helfern von Machthabern und Diktatoren.

Im folgenden Kapitel über »Vorstellungen und das Verhalten in der äußeren Welt« schildere ich eine Reihe von solchen Vorgängen.

Es gibt also ganz grundlegende Unterschiede zwischen der physischen Welt und der Welt des eigenen Geistes. Im Inneren kann man ganz ähnliche Bilder sehen wie in der physischen Welt. Ein Gedanke oder eine Erinnerung an die eigene Mutter bringt uns jedoch nicht zum äußeren Menschen, sondern ist etwas ganz eigenes Inneres. Spricht man die innere Gestalt an, redet man mit sich selbst. Entwickelt man angenehme oder unangenehme Gefühle an dem Bild der Mutter, muss das mit der leiblichen Mutter nichts zu tun haben. Umarmt man sie, ist es eine Berührung im Geist. Spürt man Geborgenheit, kommt sie ganz von innen. Beschimpft man die Gestalt oder schlägt man sie innerlich, richtet man die eigene Aggressivität und Gewalt gegen sich selbst.

Das führt – ganz im Gegensatz zur äußeren Welt – jedoch nicht dazu, dass man im eigenen Inneren Schaden anrichtet. Man darf sich beschimpfen, man darf im Inneren gewalttätig gegen innere Gestalten, Gegenstände und sogar gegen Körperteile und Organe vorgehen, ohne etwas zu beschädigen oder zu zerstören. Auch wenn man im Geist furchtbar wütet und dort alles kurz und klein schlägt, geht nichts kaputt. Danach ist alles im Inneren noch genauso da wie es vorher war. Meistens freut es sich, dass der Mensch endlich mehr Beziehung und Vertrauen zu seinen aggressiven und zerstörerischen Energien gewinnt.

Dass im Inneren nichts beschädigt oder zerstört wird, gilt auch, wenn man sich im Geist bedrohlichen oder gewalttätigen Energien gegenüber öffnet. Man kann sich einer riesige Lokomotive ausliefern, wenn sie im Albtraum auf einen zurast. Man kann sich von dieser ungeheuren Energie völlig zerfetzen lassen. Man kann sich in ein (Höllen-)Feuer fallen und zu Asche verbrennen lassen. Man kann im Meer versinken und sich vielleicht auf dem Wege in die Tiefe noch von einem übermächtigen Hai fressen und zerkauen lassen. Man kann sich von Schüssen durchlöchern oder das Herz von einem Speer durchbohren lassen.

Es tut nicht weh und man stirbt natürlich auch nicht, denn es geschieht in der inneren Welt, die andere Gesetze hat als die äußere Welt. Wenn man derartige Experimente im Geist macht, weiß man nach kurzer Zeit, dass man sich vor diesen Kräften nicht mehr schützen muss. Damit können sich eine ganze Reihe von Problemen lösen. Leider gelten bei uns solche aggressiven, bedrohlichen oder zerstörerischen inneren Bilder und Reaktionen meistens jedoch als gefährlich, krankhaft oder gar böse.

Der eigene »Schöpfergeist«

In zwei Abschnitten dieses Kapitels habe ich Experimente geschildert mit angenehmen und unangenehmen Vorstellungen und den sich daraus ergebenden Gefühlen. Dabei wurde an einigen Stellen deutlich, dass die Wirkungen keineswegs auf innere Vorgänge beschränkt bleiben. Eine bestimmte Vorstellung kann Gefühle auslösen, genauso aber auch Reaktionen im Körper. So können zum Beispiel Energien im Körper fließen oder stocken. Es kann in Teilen oder Organen Spannungen geben oder sie können sich entspannen.

Jetzt versuche ich, deutlich zu machen, wie sich die Vorgänge im Geist auf das konkrete Verhalten des Menschen in der äußeren Welt auswirken. Dabei darf man jedoch die Wirkungen der äußeren Welt auf den menschlichen Geist nicht vergessen, die ich bereits geschildert habe. Beides ist so miteinander verwoben, dass man es nicht eindeutig trennen kann, aber auch nicht trennen muss.

Dieser Abschnitt ist eine Einleitung und Grundlegung der Betrachtung von Beziehungen zwischen Geist und äußerer Welt. In den nächsten Kapiteln des Buches werde ich dazu eine ganze Reihe von Beispielen schildern. Das dient nicht nur einer Analyse solcher Vorgänge, sondern es soll – wie alles, was ich vermittele – zu eigenen inneren Erfahrungen anregen.

Zuerst einmal ein ganz persönliches Beispiel für die Wirkungen der Gedanken und Vorstellungen auf das äußere Verhalten: Sie als Leserin oder Leser dieses Buches haben sich (in Ihrem Geist) entschlossen, dieses Buch (zu kaufen und) zu lesen, um eine andere Beziehung zu sich zu gewinnen. Vielleicht haben Sie eine Sehnsucht gespürt, sich besser kennen zu lernen. Vielleicht haben Sie aber auch stark gelitten und sich entschlossen, anders mit sich umzugehen. Vielleicht haben Sie jedoch auch immer wieder einmal gespürt, dass es mehr gibt als die materielle Welt. Wie auch immer, Sie haben sich zu diesem Buch entschieden. Ihre Vorstellung ist, dass es interessant und hilfreich sein könnte.

Der (im Geist) gefasste Entschluss hat zu vielen körperlichen Vorgängen geführt. Sie haben das Buch mit Ihren Augen gesehen und den Körper beauftragt, es in die Hand zu nehmen. Sie haben sich entschlossen, es zu lesen und haben Ihren Körper veranlasst, dahin zu gehen, wo Sie sich jetzt befinden. Sie haben dann Ihre Hände und Finger benutzt, um das Buch aufzuschlagen und umzublättern. Jetzt liegen oder sitzen Sie da und sehen auf den Text dieser Seite. Vielleicht spüren Sie gleichzeitig Neugier oder Wohlbehagen. Die ganze Zeit sind Ihre Augen tätig gewesen, die jetzt den Text lesen. Den können Sie nur verstehen, weil Sie gelernt haben, was diese schwarzen Strukturen – die Buchstaben – auf dem weißen Blatt bedeuten. Diesen Vorgang haben Sie vollständig aus ihrem Geist »geschöpft«, weil Sie bestimmte Vorstellungen, Erwartungen, Erinnerungen hatten.

Lebt man ein bisschen bewusster mit sich, kommt man aus dem Staunen nicht mehr heraus. Alle äußeren Handlungen und Verhaltensweisen sind begründet in Gedanken, Vorstellungen, Wünschen, Ängsten, Sehnsüchten oder anderen geistigen Vorgängen. Jeder Mensch trifft ununterbrochen Entscheidungen, die zu Reaktionen des Körpers führen.

Will man etwas sagen, artikuliert der Kehlkopf die richtigen Laute. Will man eine Kartoffel schälen, koordinieren Arme, Hände, Finger und Augen unglaublich vielfältige und komplizierte Bewegungen, bis die Kartoffel ohne Schale daliegt. Man möchte mit dem Auto zum Einkaufen fahren und bringt den Körper dazu, alle die nötigen Bewegungen zu machen, die man gelernt hat und die man jetzt von innen veranlasst und koordiniert. Gleichzeitig sind alle Sinnesorgane damit beschäftigt, den richtigen Weg zu finden, die äußeren Umstände zu erfassen, die dann im Geist berücksichtigt werden und zu einer undramatischen Autofahrt führen. Ohne die entsprechenden Vorstellungen und Vorgänge im Geist würde nichts geschehen. Dass solche Vorgänge meistens ganz unbewusst ablaufen, ändert nichts an der Tatsache, dass die eigenen Vorstellungen das Verhalten in der physischen Welt hervorbringen.

Aber die Schöpfungen des menschliches Geistes sind noch viel umfangreicher. Fast alles, was Sie in Ihrer Wohnung umgibt, ist geistgeschaffen. Ein Architekt hat sich Ihre Wohnung ausgedacht und dazu Pläne gezeichnet, die Handwerker in die Materie umgesetzt haben. Das konnten sie nur, weil sie im Laufe ihrer Ausbildung die vielen Einzelheiten ihres Berufes gelernt hatten.

Wenn Sie jetzt durch ein Fenster nach draußen schauen, erleben sie eine lange Tradition geistiger Vorgänge: Vor etlichen Jahrhunderten hat jemand verstanden, wie Glas entsteht. Das haben viele Menschen seitdem gelernt und verwirklicht. Ihre Fensterscheiben sind das Produkt solcher Gedanken und Vorstellungen.

In Ihren Scheiben sind aber auch die Gedanken enthalten, die zur Glasfabrikation mit ihren vielen technischen Einzelheiten geführt haben. Und dann gibt es auch noch den Glaser, der sich vorgestellt und ausgerechnet hat, welche Abmessungen er für die Glasscheiben braucht und wie er sie einbaut.

Sehen Sie sich in Ihrer Wohnung um, überall schaut Sie »geronnener Geist« an. Natürlich weiß man auch bei uns, dass es schöpferische Erfinder und Entwickler gibt, die ihre Vorstellungen in der physischen Welt verwirklichen. Ich glaube jedoch, dass man sich selten oder nie bewusst wird, dass die kleinste und selbstverständlichste tägliche Tätigkeit aus dem Geist stammt.

Wenn Sie in den Spiegel schauen, sehen sie Ihren Körper, so wie er jetzt ist. Vielleicht wirkt Ihr Gesicht angenehm entspannt. Das macht nicht Ihr Körper von sich aus, sondern es entspricht Ihrem gegenwärtigen inneren Zustand. Sie fühlen sich im Augenblick mit Ihren Gefühlen und Energien ganz wohl und gehen innen ziemlich offen mit sich um. Wenn Ihr Gesicht angespannt ist, kommt es natürlich auch von innen. Dort gibt es dann Gefühle oder Gedanken, die Ihnen nicht angenehm sind. Sie schützen sich (unbewusst) vor ihnen und strengen sich an, sie unter Kontrolle zu halten. Das kann Muskeln im Gesicht und anderen Bereichen des Körpers anspannen. Wenn diese Geisteszustände länger anhalten, können die entsprechenden Reaktionen im Körper chronisch werden: Man sieht dem Gesicht oder der Körperhaltung eines Menschen schon aus der Entfernung an, was ihn innerlich bewegt. Der Mensch formt bestimmte Bereiche seines Körpers – meistens ganz unbewusst – nach seinen Vorstellungen, Bewertungen oder Erwartungen. Der Körper wird zum Ausdruck innerer Vorgänge.

Das macht innere Erfahrungen mit dem Körper so interessant. Ich sage öfter: »Der Körper ist die Signal-Station der Seele.« Durch unangenehme oder leidvolle Zustände weist er uns auf einen Mangel an innerer Beziehung hin. Viele Menschen werden erst durch eine Krankheit oder einen Unfall »auf sich selbst zurückgeworfen«. Sie müssen liegen oder ruhen und können die alltäglichen Verrichtungen und Bewegungen nicht mehr machen. Am Anfang mag das unerträglich sein, weil das Leiden ganz im

Mittelpunkt steht. Ich höre aber immer wieder von Menschen, die ihrem Körper nach einer derartigen Erfahrung danken, weil sie dabei eine ganz neue Beziehung zum Körper und zur inneren Welt gewonnen haben.

Ebenso interessant ist es, sich dem Körper zuzuwenden, wenn es ihm gut geht. Man kann sich über seine vielen Fähigkeiten freuen und ihm dafür danken. Und da es gar nicht so selbstverständlich ist, dass der Körper gesund ist, kann man ihm auch dafür danken. Auch diese Zustände kommen aus dem eigenen Geist, zu dem man durch die Hinwendung zum Körper mehr Kontakt bekommt. Wir benutzen den Körper, um uns selbst Botschaften zu senden, die wir nicht so leicht übersehen und überhören können.

So schöpft jeder Mensch aus seinem Geist seine Zustände und sein Verhalten in der physischen Welt. Das ist der berühmte »Schöpfergeist«, über den alle Religionen berichten. Diese Fähigkeit »aus dem Geist zu schöpfen« ist jedoch nicht nur hohen Wesen vorbehalten, sondern etwas ganz Alltägliches. Wir leben aus dem Geist. Religionen gehen noch weiter, wenn sie sagen: »Die physische Welt ist nicht eigenständig, sondern ein Ergebnis der geistigen Welt.« Nach der Bibel hat Gott die ganze Welt in allen ihren Einzelheiten in sechs Tagen aus dem »Nichts« geschaffen.

Mich fasziniert die Tatsache, dass man die »Schöpfung aus dem Geist« nicht glauben muss, sondern dass man sie in sich selbst und in der äußeren Welt jederzeit und überall direkt erfahren kann. Man kann mit ihr viele innere Experimente machen. Und irgendwann weiß man aus solchen Erfahrungen, dass man der Schöpfer seines irdischen Lebens ist und dass man vieles im eigenen Körper immer neu erschafft.

Ein Zustand hinter der Vielfalt des Geistes: das »Nichts und Alles«

In inneren Erfahrungen oder in der Meditation kann man einen Zustand erleben, in dem keine Formen, Farben und Strukturen mehr wahrzunehmen sind. Man ist sich auf eine eigenartige Weise immer noch bewusst, dass man existiert und dass irgendwo der eigene Körper ist. Es gibt jedoch auch keine Gedanken und Erinnerungen mehr in der üblichen Weise. Es ist ein Zustand vollständiger Auflösung und Leere.

Wenn jemand so etwas in einer inneren Begleitung zum ersten Mal erlebt, rettet er sich oft vor diesem Zustand in das Gefühl der Angst. Er fürchtet, verloren gehen zu können oder seinen Körper nicht wiederzufinden. Ich ermutige ihn, seine Angst wahrzunehmen und sich mit ihr der Auflösung und der Leere anzuvertrauen. Ich sage manchmal: »Es sind ganz normale Zustände deiner Seele.«

Lässt sich der Mensch darauf ein, erlebt er Leere, Grenzenlosigkeit und Unermesslichkeit, die er nicht schildern kann. Ich sage ihm, dass er nichts mehr denken, fühlen und sagen muss. Ich lasse ihn, solange er es möchte, in diesem Zustand. Wenn er wieder mehr ins übliche Bewusstsein zurückkehrt, ist er meistens sehr tief berührt. Er kann nicht schildern, was mit ihm geschehen ist. Er weiß jetzt jedoch, dass diese Leere die Grundlage jeder Existenz ist. In dieser Strukturlosigkeit und Grenzenlosigkeit ist alles Geformte enthalten.

Ich nenne diesen Zustand, den jeder Mensch erfahren kann, das »Nichts und Alles«. Ich habe oft mit meinen Gruppen Reisen in diesen Zustand gemacht. Viele Teilnehmer haben danach zu schildern versucht, was sie dabei empfunden haben. Bei denen, die es erfahren haben, hat es einen tiefen Eindruck hinterlassen. Es ist die Empfindung, an den Kern der eigenen Existenz zu kommen.

In einer solchen »Gruppenreise« (der Text folgt nach diesem Abschnitt) ermutige ich, aus dieser »Leere« bewusst etwas im Geist zu schöpfen, es wahrzunehmen, es innerlich zu berühren, mit ihm zu sprechen und es dann wieder loszulassen, sodass es im

»Nichts und Alles« wieder aufgeht. Das gelingt vielen Teilnehmern. Wenn sie sich zum Beispiel einen Baum nach ihren Wünschen schöpfen, können sie seine Rinde anfassen und die Festigkeit spüren. Es ist wie in den inneren Erfahrungen sonst auch. Sie sind verblüfft, dass es ihre eigene Schöpfung ist, die sie dann wieder loslassen und vergehen lassen können.

Mit diesem »Nichts und Alles«, das ja auch ein Zustand des eigenen Geistes ist, kann man sich durch eigene Erfahrungen ganz vertraut machen. So weiß man dann, dass im »Nichts und Alles« die unermessliche Vielfalt geistiger Vorgänge und Zustände immer lebendig vorhanden ist. Bewusst oder unbewusst etwas aus dem »Nichts und Alles« zu schöpfen, bringt es in das eigene Bewusstsein. Erst dann kann man es wahrnehmen.

Die Lebendigkeit des eigenen Geistes (und des Lebens) entsteht durch Schöpfen und Loslassen von Gedanken, Vorstellungen, Bildern oder Träumen aus dem »Nichts und Alles«. Das wird meistens unbewusst durch äußere Einflüsse ausgelöst. So kommen zum Beispiel bei der Begegnung eines Hundes auf der Straße Erinnerungen ins Bewusstsein an einen Hund, den man früher erlebt hat. Diese Erinnerungen gab es schon immer im Menschen, jetzt kommen sie an die Oberfläche. Nach kurzer Zeit vergisst man die Begegnung mit dem Hund und die Erinnerungen. Sie gehen jedoch nicht verloren. Sie bleiben im »Nichts und Alles«.

Die Erfahrung, dass alles (latent) im eigenen Geist vorhanden ist, führt zu sehr interessanten Schlussfolgerungen:

- Wenn alle möglichen Zustände und Vorgänge des Geistes in einem einzigen Zustand enthalten sind, müssen sie zusammengehören. Somit muss man nicht fragen, ob etwas im Geist zu einem gehört oder nicht.
- Nach unseren üblichen Bewertungen als gegensätzlich angesehene Energien existieren gemeinsam im »Nichts und Alles«. Im Bewusstsein kann es Helligkeit oder Dunkelheit geben, im »Nichts und Alles« gibt es Helligkeit und Dunkelheit.
- Die üblichen Bewertungen nach »gut« und »schlecht« oder »böse«, »positiv« und »negativ«, »richtig« und »falsch« haben im Geist keine Bedeutung. Alle Energien sind »neutral« und le-

ben »in Harmonie miteinander«. Sonst müssten sich ja solche Gegensätze im »Nichts und Alles« gegenseitig aufheben oder vernichten.

- Anders als in der äußeren Welt kann im Geist nichts zerstört werden oder verloren gehen. Man kann sich bewusst eine starke Bedrohung schöpfen und sich ihr ausliefern. Auch wenn man innerlich gefressen und vernichtet wird, gibt es keinen Schaden. Im Inneren kann man zerstören, was man möchte. Es wird nichts geschädigt und es geht nichts verloren. Die Bedrohung, die Vernichtung und die Unverletzlichkeit existieren im »Nichts und Alles«.
- Eindrücke im Geist, die wie physische Personen oder Gegenstände aussehen, können völlig andere Eigenschaften haben als in der äußeren Welt. So beschäftigt man sich in Erinnerungen an einen Menschen nicht mit der Vergangenheit, sondern ist ganz in der inneren Gegenwart.
- Innere Erfahrungen zu machen oder bewusster mit sich zu leben, geschieht sehr weitgehend im Geist.

Eine innere Reise zum »Nichts und Alles«

Wie schon in meinen beiden anderen Büchern über Innere Erfahrungen »Herz, was sagst du mir?« und »Bevor du sterben willst, lebe!« schreibe ich im Folgenden eine innere Reise auf, wie ich sie in meinen Gruppen mache.

Man kann den Text auf eine Audio-Kassette sprechen, um damit dann eigene innere Reisen zu machen. In diesem Text duze ich, wie ich es meistens auch in meinen Gruppen mache. Man kann den Text der Reise natürlich auch ändern, um persönliche Dinge hinein zu bringen. Bei der Aufnahme ist es hilfreich, langsam und getragen zu sprechen und ausreichend lange Pausen zu machen, die ich durch drei Punkte (...) andeute. Wenn man danach die Reise macht, kann man in diesen Sprechpausen bewusst mit sich Kontakt aufnehmen, mit sich innerlich reden und nach innen hören.

»Spüre wie du dich jetzt fühlst. …

Bist du ruhig oder aufgeregt? …

Auch wenn du dich jetzt nicht wohl fühlst, du musst nicht versuchen, deinen Zustand zu verändern. …

Und jetzt kannst du den Kontakt nach innen vertiefen, indem du das, was du gerade spürst, innerlich ansprichst. Du kannst zum Beispiel sagen: »Ruhe, ich mag dich« oder »Unruhe, du bist mir unangenehm«. …

Wie fühlst du dich jetzt? …

Bemerke, was in deinem Kopf geschieht. Ist er ruhig oder denkt er? …

Auch wenn da viele Gedanken sind, die nichts mit dem zu tun haben, was du jetzt machst, musst du deinen Kopf nicht still machen. Du könntest sagen: »Gedanken, ich spüre euch« und sie dann einfach zulassen. …

Dann wendest du dich bewusst deinem Körper zu. Spüre, wie er da sitzt oder liegt. Merke, was in deinem Körper deutlich ist. Vielleicht ist es angenehm, vielleicht aber auch nicht. Du kannst deinen Körper innerlich ansprechen. Du kannst ihm ganz ehrlich sagen, wie du dich mit ihm fühlst. Du könntest sagen: »Körper, ich mag dich« oder »Körper, du bist mir fremd« oder »Körper, ich mag dich nicht.« In jedem Fall bekommst du mehr Kontakt zu ihm. …

Und dann sprichst du auch das an, was jetzt im Körper deutlich ist. Du könntest sagen: »Wärme, ich mag dich« oder »Spannung, ich finde dich unangenehm« oder »Schmerz, du quälst mich.« …

Wie fühlst du dich jetzt, sind da Gedanken, wie empfindest du deinen Körper? …

Wenn du das gleichzeitig wahrnimmst, bist du in einem größeren Bewusstseinszustand. …

Und jetzt begibst du dich in eine Landschaft. Die kann einfach deutlich werden. Du kannst sie dir aber auch vorstellen oder dich an eine Landschaft erinnern. Du kannst dir auch eine angenehme, vertraute Landschaft wählen. …

Wie sieht die Landschaft aus? …

Wie fühlst du dich in ihr? Ist sie dir angenehm oder nicht? …

Spüre die Atmosphäre der Landschaft, schau auch einmal zum Himmel hinauf. …

Und jetzt kannst du auch die Landschaft und den Himmel ansprechen. Du kannst ihnen sagen, wie du dich mit ihnen fühlst. …

Spüre, dass du nicht in der äußeren Landschaft bist. Du bist in dir. Du bist die Landschaft und der Himmel. …

Du bleibst in der Landschaft. Du spürst dich dabei. …

Und jetzt merkst du, wie die Landschaft ganz langsam verblasst. Du siehst, wie die Farben weicher werden, wie die Formen sich langsam auflösen. …

Wenn du nach unten schaust, löst sich auch die Erde auf, auf der du stehst. …

Auch der Himmel über dir verblasst und verschwindet. …

Vielleicht wird es grau oder hell um dich herum. …

Wie fühlst du dich, wenn du erlebst, dass die Eindrücke vergehen? …

Sprich deine Gefühle an, auch wenn du jetzt Angst bekommst. …

Dann kommt der Augenblick, in dem alles vergangen ist. Du schwebst in der Leere. Da ist nichts mehr zu sehen, nichts mehr zu spüren. …

Du kannst der Leere sagen, wie du dich in ihr fühlst. …

Lasse auch zu, dass es dir vielleicht nicht gut geht. …

Wenn du große Angst empfindest, denk daran, dass du immer noch ganz in dir bist. Du bist auch diese Leere. …

Und jetzt kannst du aus dieser Leere alles Mögliche schöpfen. …

Du kannst dir vornehmen, einen Baum zu schöpfen, der langsam aus der Leere heraus tritt. Du kannst ihn dir vorstellen, du kannst ihn, wenn er deutlicher wird, auch noch verändern, so wie du ihn haben möchtest. …

Wenn der Baum deutlicher geworden ist, kannst du zu ihm hingehen oder hin schweben. Du kannst seine Rinde berühren und spüren, wie sie sich anfühlt. Ist sie hart oder weich? Ist sie glatt oder rau? …

Du kannst den Baum fragen, ob er in dir ist. …

Du kannst dem Baum sagen, wie du dich bei ihm fühlst. Er ist ein Geschöpf deines Geistes aus dem Nichts, in dem alles vorhanden ist. …

Du schwebst immer noch im Nichts. Vor dir ist der Baum. …

Und jetzt kannst du ihn bewusst wieder vergehen lassen. …

Du brauchst dir nur vorzustellen, wie sich die Formen und Farben des Baumes wieder auflösen. Er verschwindet im Nichts, in dem alles enthalten ist. Es ist das »Nichts und Alles«. …

Wie fühlst du dich jetzt? Sind da Gedanken? Gibt es Reaktionen in deinem Körper? Du kannst alles wahrnehmen und innerlich ansprechen. …

Und jetzt kannst du dir etwas schöpfen, was dir manchmal Angst gemacht hat. Vielleicht war es ein Mensch oder ein Tier oder ein Gegenstand. Du brauchst dich nur an deine Angst zu erinnern und dir das vorzustellen, was dir Angst gemacht hat. …

Ohne dass du dich besonders bemühen musst, tritt es langsam aus dem Nichts hervor und wird deutlicher. …

Es ist möglich, dass du jetzt Angst empfindest und dich nicht wohl fühlst. …

Du kannst sagen »Angst, ich spüre dich, ich mag dich nicht, aber ich versuche, dich zuzulassen.« …

Und jetzt kannst du dem, was aus dem Nichts hervor gekommen ist, sagen: »Ich habe Angst vor dir.« …

Du kannst fragen: »Bist du in mir?« und »Wer bist du in mir?« …

Was hörst du, und was spürst du jetzt? …

Du kannst dem, was jetzt deutlich ist, sagen »Zeige dich mir doch einmal wie du bist, wenn ich mehr Vertrauen zu dir habe.« …

Vielleicht verändert es sich, vielleicht bleibt es aber auch wie es war. …

Wenn du möchtest, kannst du hingehen und es berühren. Wenn es nicht geht, hältst du Abstand. …

Spüre wieder, dass du in dir bist. Was du siehst, gehört zu dir. …

Und jetzt kannst du dich entschließen, das, was dir Angst gemacht hat, wieder vergehen zu lassen im »Nichts und Alles«. Du brauchst nur daran zu denken und dann löst es sich langsam auf, bis nichts mehr zu sehen ist. …

Du schwebst im Nichts, in dem alles vorhanden ist. …«

(An dieser Stelle kann man noch andere ähnliche Erfahrungen einbauen. Man kann zum Beispiel die Gestalt eines Menschen schöpfen, mit dem man gern lebt oder gelebt hat. Man kann erfahren, dass es eine Gestalt des eigenen Geistes ist, auch wenn es aussieht wie ein äußerer Mensch.)

»Und jetzt kannst du dich selbst auch im »Nichts und Alles« auflösen. Du spürst noch deine Form, kannst an deinem Körper herunterschauen, der im Nichts schwebt. Wenn du dich entschließt, dich aufzulösen, kann es geschehen. Du verlierst langsam deine Form. Du vergehst im »Nichts und Alles«. …

Wenn du es nicht willst oder nicht ertragen kannst, dann bleibe in deiner Form oder kehre in sie zurück. …

Wenn du dich mit Unbehagen und Angst auflöst, denke daran, dass es ein innerer Vorgang ist. Du kannst dich vergewissern, dass dein physischer Körper da ist und sich nicht auflöst. Du kannst danach auch zulassen, dass du den physischen Körper nicht mehr spürst. …

Wenn du dich im »Nichts und Alles« aufgelöst hast, erlebe deine Weite, deine Grenzenlosigkeit und deine Unermesslichkeit. Es sind alles Zustände deiner Seele. Es sind ganz normale Zustände, die nur unbekannt sind. …

Wenn du dich als »Nichts und Alles« wohl fühlst, genieße deinen Zustand. …

Du kannst dem »Nichts und Alles« sagen, wie du dich fühlst. …

Aber vielleicht sind da auch keine Gefühle mehr. …

Und jetzt musst du nichts mehr tun, nichts verstehen, nichts erreichen. …

Du bist das Nichts, in dem alles enthalten ist. ….

(Eine längere Pause lassen.)

Du kannst dir jetzt vorstellen, wie du aus diesem Zustand dir wieder die vertraute Form schöpfst. Ganz langsam nimmst du wieder Konturen und Farben an und spürst, wie du im unermesslichen Raum schwebst. Du kannst den Eindruck von dir einfach entstehen lassen, du kannst ihn dir aber auch vorstellen. …

Und dann erlebst du dich wieder in der Form deines Körpers. …

Wie fühlt sich das Nichts jetzt an, nachdem du es erfahren hast? …

Du kannst es dem »Nichts und Alles« sagen. …

Wenn du möchtest, stellst du dir vor, dass ganz langsam auch wieder die Landschaft deutlich wird, von der du am Anfang ausgegangen bist. …

Der Erdboden wird unter dir sichtbar. Du kannst spüren, wie du auf ihm stehst. …

Der Himmel wird deutlich. Und um dich herum erscheint die Landschaft in ihrer Vielfalt und Buntheit. …

Wie fühlst du dich jetzt? Sprich deine Gefühle an. …

Du kannst durch die Landschaft hindurch wandern, den Boden spüren, Einzelheiten sehen oder sie dir vorstellen. Jede Einzelheit ist ein Geschöpf deines Geistes. …

Du kannst alles wahrnehmen. Du kannst aber auch verändern, was du willst. …

Du bist der Schöpfer, und du bist das Geschöpf. …

Und dann spürst du dich auch wieder in deinem physischen Körper, der die ganze Zeit dabei war, auch wenn du ihn nicht mehr wahrgenommen hast. …

Merke, dass dein Körper dich nicht hindert, nach innen zu gehen und dort Abenteuer zu erleben. …

Mache dir auch bewusst, dass dein physischer Körper keinen Schaden nimmt und auch nicht verloren geht, wenn du dich innerlich in ganz andere Zustände begibst und dich dort ganz auflöst. …

Du wendest dich dann auch wieder der äußeren Welt zu, spürst dich in dem Raum, in dem du dich befindest. …

Du lässt dich langsam wieder ins Wachbewusstsein tragen, das auch nicht ganz verloren gegangen war. …

Wenn du möchtest, atmest du ein bisschen tiefer in deinen Körper, bewegst ihn vielleicht ein bisschen. …

Und dann kannst du die Augen öffnen und hinaus schauen in die äußere Welt, in der du auch lebst und mit der du viele Erfahrungen machst. …

Vielleicht ist die ganze äußere Welt ja auch eine Schöpfung des Geistes. …«

Vor dem Abhören der Reise empfehle ich, es sich möglichst angenehm und gemütlich zu machen. Man kann sich hinlegen und sich schön warm halten, man kann aber auch angenehm im Sessel sitzen.

Mein Weltbild

Meine eigenen inneren Erfahrungen und die vielen inneren Erlebnisse mit anderen Menschen haben zu tiefgreifenden Veränderungen in meinem Denken geführt. Was ich in diesem Buch schildere, ist mein eigener Weg, der aus wirklichen Erfahrungen kommt. Ich weiß seit längerem, dass das eigene Leben von den Vorstellungen und Anschauungen geprägt ist, die man über sein eigenes Leben und über die Welt hat.

Sieht man sich die vielen Religionen und Weltanschauungen auf der Erde an, wird ganz deutlich, dass es nicht nur eine richtige Vorstellung vom menschlichen Leben gibt, sondern sehr viele. Das gibt einem die Gelegenheit, sich aus dieser Vielfalt von Anschauungen oder Religionen diejenigen auszusuchen, mit denen man am besten leben kann. Das machen ziemlich viele westliche Menschen, wenn sie sich esoterischen oder spirituellen Gruppen, christlichen alternativen Gemeinden oder Religionen aus anderen Kulturen zuwenden.

Statt der bei uns üblichen christlichen und naturwissenschaftlichen Art, über das Leben zu denken, nimmt man sich damit andere Vorstellungen. Wendet man sich dabei einer anderen Religion zu, bedeutet das nicht, dass man dann bis zu seinem Tod dabei bleiben muss. Man kann für jede Phase seines Lebens andere Anschauungen nutzen.

Das ist eine sehr große Freiheit des Menschen. Es bedeutet jedoch nicht, dass man von einer falschen Weltanschauung zu einer richtigen kommt. Sondern man geht zu einer, die besser zu den eigenen Sehnsüchten, Vorstellungen und Erwartungen passt. Man macht sich damit sein Leben ein bisschen leichter.

Man muss jedoch seinen eigenen Weg nicht unbedingt im Rahmen einer Gruppe oder einer Religion gehen. Es ist genauso möglich, sich eigene Vorstellungen zu machen, die sich vielleicht an bekannte Anschauungen anlehnen aber nicht zu einer Bindung an einen definierten Weg führen.

Es gibt ein schönes Gleichnis für den Umgang mit Religionen, das der Buddha erzählt hat: »Ein Wanderer ist auf seinem Wege.

Er kommt an einen Fluss, den er überschreiten will. Es gibt keine Brücke und auch keine Fähre. So zimmert er sich ein Floß und setzt erfolgreich über den Fluss, um seinen Weg weiter zu gehen. Kein vernünftiger Mensch käme jetzt auf die Idee, sich das Floß auf den Rücken zu laden und unter seiner Last ächzend weiterzugehen, weil es einmal so hilfreich war. Man lässt das Floß dankbar liegen oder vertraut es dem Fluss an und geht unbeschwert weiter.« Mit dem Floß meint der Buddha eine Religion, die einem hilft, den Weg zu gehen. Das ist eine ganz andere Einstellung als die in unserem Christentum übliche, in dem man als unmündiges Kind Christ wird bis zum Lebensende, wenn einen der Pastor oder Priester von der Erde verabschiedet.

Wem diese christlichen Vorstellungen jedoch entsprechen, der ist auf seinem richtigen Weg. Wer es nicht möchte, muss nicht gleich das ganze Christentum ändern, um seinen eigenen Weg gehen zu können.

Was ich hier betrachte, gehört zum Umgang mit dem eigenen Geist und dessen Wirkungen auf das irdische Leben.

Ich selbst bin in einer Familie aufgewachsen, in der sich meine Eltern in den Zwanzigerjahren aus politischen Gründen aus der Kirche verabschiedet hatten. Sie hatten eine starke Abneigung gegen die christlichen Kirchen und den Klerus. So wurde ich nicht getauft, nahm auch nicht am Religions- und Konfirmandenunterricht teil, wurde nicht konfirmiert und heiratete auch nicht kirchlich.

Erst als ich meinen eigenen inneren Weg fand, beschäftigte ich mich mit Interesse mit dem Christentum als einer von vielen Möglichkeiten. In meinen Gruppen nehme ich die christlichen Feiertage immer als einen Anlass, damit innere Erfahrungen zu machen. Ich setze mich jedoch nicht mit dem Christentum auseinander, um es zu bewerten oder zu verändern, weil ich es respektiere und Christen dazu ermutige, bewusst damit zu leben. Ich bin natürlich auch ein Kind des christlichen (und naturwissenschaftlichen) Abendlandes mit allen seinen Vorstellungen und Bewertungen.

Im Folgenden schildere ich knapp meine heutigen Vorstellungen über mein Leben. Das tue ich nicht, um andere dazu zu bekehren, sondern um die Freiheit deutlich zu machen, eigene Anschauungen zu entwickeln und zu benutzen.

Ich empfinde mich als ein Wesen, das gleichzeitig auf allen Ebenen existiert. Ich bin Geist, Gefühle und physischer Körper, die miteinander verwoben sind. Ich bin auch das »Nichts und Alles«, das ich im vorherigen Abschnitt deutlich zu machen versucht habe. Ich weiß aus vielen Erfahrungen, dass nur der physische Körper verletzlich und sterblich ist. Die innere Existenz kann nicht geschädigt und zerstört werden, sondern lebt auch ohne physischen Körper weiter.

Ich stelle mir vor, dass ich mich als Wesen zu einem irdischen Leben entschließe. Aus der großen Vielfalt irdischer Erfahrungsmöglichkeiten suche ich mir vor meiner Verkörperung bestimmte Themen aus. Dazu gibt es auf der Erde Umstände und Bedingungen, die zu diesen Themen passen. Ich begebe mich also in einen bestimmten Teil der Erde mit seinen kulturellen, religiösen, politischen und menschlichen Bedingungen. Ich stelle mir vor, dass ich mir auch meine Eltern und damit meinen Verwandtenkreis aussuche. Begebe ich mich also zu schwierigen Menschen, erlebe ich Herausforderungen, zu denen ich mich innerlich entschlossen habe.

Es gehört wohl zu einem irdischen Leben, dass man die innere Welt und damit auch solche Entschlüsse vergisst oder nicht mehr wahrnimmt. Das geschieht natürlich besonders intensiv in einem Kulturbereich, in dem die herrschende Religion »das Reich, das nicht von dieser Welt ist« kaum noch lebt und vermittelt wird.

So empfinde ich mich heute nicht mehr als »unschuldiges« Opfer schwieriger Eltern oder anderer Menschen. Und ich sehe die christliche Weltanschauung nicht als Ursache für die üblichen unbewussten und wertenden Haltungen, die ich auch gelebt habe. Hätte ich nicht hier herkommen wollen, dann hätte ich mich in andere Teile der Erde begeben und dort andere Erfahrungen gemacht.

Diese Überzeugung, dass ein menschlichen Leben von Anbeginn an sinnvoll und »richtig« ist, stammt aus meinen eigenen inneren Erfahrungen und aus vielen Begleitungen, die ich mit anderen Menschen gemacht habe. Ich habe immer wieder Menschen innen nachfragen lassen, ob ihr Leben – von innen gesehen – immer sinnvoll war. Sie erfuhren eindeutig Ja, und ich fand dabei meine eigene Gewissheit.

Wenn ich so mein eigenes Leben betrachte, habe ich ziemlich viel Hochachtung für mich. Denn ich habe mir manches zugemutet und ausgestanden. Hätten sich jedoch meine grundlegenden Einstellungen im Laufe des Lebens nicht verändert, glaube ich, dass ich mich durch meine früheren Vorstellungen und Bewertungen ziemlich zerrüttet hätte. Jetzt weiß ich jedoch, dass Leiden keine Strafe und kein Fehler ist, sondern die intensivste Form menschlicher Erfahrung. Dass man nicht gern leidet und dass man es zu vermeiden und zu überwinden versucht, ist selbstverständlich. Inzwischen weiß ich jedoch, dass ein Leiden ganz erheblich vertieft wird, wenn man es nicht als etwas Eigenes erfährt, sondern es mit drastischen Bewertungen versieht und nur dagegen ankämpft.

Wenn ich also die berühmte Frage beantworten will, was die Aufgabe meines Lebens ist, dann brauche ich mir nur mein Leben anzusehen. Alle angenehmen Erfahrungen und alle unangenehmen, die ich nicht vermeiden konnte, waren und sind die Themen meines Lebens.

So sehe ich es auch für jeden Menschen, der zu mir kommt, um sich besser kennen zu lernen. Jeder ist für mich eine Seele auf ihrem individuellen Weg. Ich muss mich nicht bemühen, ihm zu sagen, wohin er gehen soll und muss ihn nicht vor sich selbst bewahren. Und wenn jemand stark leidet, ist er kein Versager oder Schwächling, sondern jemand, der sich viel zumutet. Ich habe sehr viel Respekt vor solchen Menschen.

Wenn man so über sich und die Welt denkt, wie ich es eben dargestellt habe, dann ist man nicht besser als alle die vielen anderen Menschen auf der Erde. Es ist aber eine Tatsache, dass mehr Beziehung und mehr Vertrauen zu sich selbst das Leben einfacher machen. Das gilt genauso für die traditionelle christliche Vorstellung, dass man ein Kind Gottes ist, der einen durch dieses Leben führt und einem Freude und Leid schenkt.

Wie schwer wird es dagegen, wenn man mit der festen Überzeugung lebt, dass andere Menschen die Ursache der eigenen Zustände sind! Eine schwierige, lieblose Mutter bleibt dann ein lebenslanges Leiden, weil man ja nichts mehr ändern kann an dieser Erfahrung in der Kindheit. Man ist und bleibt ein Opfer. Dass eine solche Kindheit Wirkung zeigt, ist verständlich. Wie jemand als Erwachsener darüber denkt und wie weit er sich als »Geschöpf der Mutter« empfindet, hängt jedoch allein von seinen eigenen Vorstellungen ab.

Wie anders fühlt sich dasselbe Leben an, wenn man glaubt, dass es einer freien – wenn auch unbewussten – eigenen Entscheidung entspringt, die auch zu schwierigen und leidvollen Erfahrungen führen kann! Stelle ich mir vor, dass ich selbst mir dieses schwierige Leben zumute, dann ist es sofort sinnvoll und wertvoll. Ein großer Teil der bei uns üblichen Bewertungen wird überflüssig. Damit erlösen sich viele Zwanghaftigkeiten, die entstehen, wenn man sich bemühen muss, dem Leben einen Sinn zu geben und »richtig« zu leben.

Erlösung ist also ebenfalls ein Vorgang im eigenen Geist. Die im Christentum bezeugte Erlösung durch Jesus Christus widerspricht meinen Vorstellungen nicht. Denn auch die Nachfolge Christi findet im eigenen Geist statt. Jesus kann man als eine innere Gestalt erfahren, die sehr viel eigenes Vertrauen und eigene Liebe deutlich macht, die uns jedoch auch mit dem eigenen Leiden vertrauter macht.

Der Heilige Geist des Christentums entspricht nach meinen Erfahrungen dem, was ich als »Nichts und Alles« bezeichne. Die »Ausschüttung des Heiligen Geistes«, die im Pfingstfest gefeiert wird, enthält für mich folgende Aspekte:

Heilig heißt, sein Heil, sein Ganzsein zu erleben und zu erfahren. Das ist ein Vorgang im Geist, den man nicht durch Anstrengung erreichen kann, sondern der einem von innen »geschenkt wird«, wenn man genug Vertrauen hat, sich nach innen zu öffnen und sich seinem Inneren (seiner Seele oder Gott) anzuvertrauen. Nach einer derartigen Erfahrung des »Nichts und Alles« (des Heiligen Geistes) weiß man, wer man ist und muss es nicht nur glauben.

Angebote zur Erlösung (von der Unbewusstheit und vom Mangel an Vertrauen zum eigenen Leben) gibt es in jeder Religion. Sie tragen unterschiedliche Namen und werden auf unterschiedliche Weisen vermittelt. Es geht jedoch immer um etwas, das individuell erfahren werden kann und muss. Nimmt man dabei Gestalten der jeweiligen Religion zur Hilfe, spielt sich auch das im eigenen Geist ab. Eine lebendige, mystische Religion beschäftigt sich fast ausschließlich mit dem »Reich, das nicht von dieser (materiellen) Welt ist«.

Verliert eine Religion weitgehend diese Mystik, werden ihre Priester zu den Schriftgelehrten, wie sie schon Jesus genervt haben. Sie spekulieren über geschichtliche Vorgänge des Meisters oder Schöpfers der Religion. Sie lernen die heiligen Schriften auswendig, um sie wortwörtlich in der äußeren Welt anzuwenden. Sie laufen Gefahr, ihren Glauben zu verabsolutieren und alle anderen Wege abzulehnen oder gar als feindlich zu empfinden. Kämpft jemand aus religiösen Gründen gegen andere Konfessionen, hat er selbst ganz wenig Vertrauen in seinen eigenen Weg. Er muss zwanghaft alles vermeiden und beseitigen, was ihn im eigenen Zweifel und in der eigenen Unsicherheit berührt. Er geht gnadenlos mit dem um, was er in sich als falsch oder böse empfindet und verhält sich entsprechend gegenüber den »Feinden« seiner Religion. Er scheint Kraft und Vertrauen zu demonstrieren, wenn er mit Feuer und Schwert seinen Glauben verbreitet. Dahinter steckt jedoch ein Mensch voller Sehnsucht und ohne wirkliche Beziehung zu der inneren Welt.

Bewusster in der äußeren Welt leben

Im folgenden Teil des Buches schildere ich einige individuelle und kollektive Verhaltensweisen, um daran innere Vorgänge deutlich zu machen. Denn fast jedes menschliche Verhalten entsteht aus den Vorstellungen, Erwartungen, Erinnerungen und Bewertungen des Einzelnen, also aus dem Geist.

Betrachtet man Reaktionen, Eigenschaften und Fähigkeiten eines anderen Menschen bewusster, kann man viel über seine inneren Vorgänge erfahren. Man kann ihm in die »Seele sehen«. Das ist an sich schon interessant, es wird jedoch für einen selbst »ertragreich«, wenn man es nutzt, um dabei eigene innere Vorgänge und Zustände zu sehen und erfahren, mit denen man bisher vielleicht wenig oder keinen Kontakt hatte.

Denn – nach meinen Erfahrungen – hat jeder Mensch alles in sich. So gibt einem die bewusste Betrachtung menschlicher Verhaltensweisen viel Gelegenheit, sich in seinen eigenen Reaktionen, Eigenschaften und Fähigkeiten kennen zu lernen. Gleichzeitig kann einem bewusst werden, ob man offen oder abweisend mit bestimmten äußeren und inneren Themen umgeht. Um solche Erfahrungen zu machen, muss man einem Menschen gar nicht persönlich begegnen. Man kann jemanden nehmen, von dem man liest oder hört oder den man im Film oder im Fernsehen erlebt.

Andere Menschen bewusst wahrnehmen

Ahnt oder weiß man aus eigenen Erfahrungen, dass es eine innere Welt gibt, dann ist es sehr interessant, achtsamer durch die äußere Welt zu gehen. So wie man selbst drückt auch jeder andere Mensch ununterbrochen und meistens ganz unbewusst innere

Vorgänge oder Zustände aus. Wir sind alle »auf der Erde wandelnder Geist«.

Es gibt bei schon länger Bücher über Körpersignale und über Eigenschaften, die man zum Beispiel im Gesicht eines Menschen erkennen kann. Und es ist bekannt, dass die Umgebung, die sich ein Mensch zum Beispiel in seiner Wohnung schafft, viel über ihn aussagt. Mir geht es jedoch vor allem darum, das Wahrgenommene auf innere Vorgänge zu beziehen und nicht zu glauben, dass zum Beispiel die Erschöpfung, die man im Gesicht des anderen sieht, nur von den äußeren Umständen seines Lebens kommt. Ganz besonders empfehle ich, sich seiner eigenen Bewertungen bewusst zu werden, die man mit manchen Ausdrucks- und Verhaltensweisen anderer Menschen verbindet. Wertet man zum Beispiel bei einem anderen etwas ab, ist man damit in sich wenig vertraut.

Ich gehe oft ziemlich neugierig und achtsam durch die Straßen, nehme Menschen wahr und lasse mich von ihrem Aussehen und Verhalten berühren. Dann wende ich mich den entsprechenden inneren Themen zu und spreche sie in mir an. Sehe ich zum Beispiel jemanden, der unregelmäßig geht, dann wird eine Behinderung in seinem Körper deutlich. Vielleicht hat er einen Unfall gehabt, der zu diesem Zustand führt. Mich interessiert jetzt aber nicht in erster Linie die körperliche Behinderung, die für den Betroffenen sicher sehr wichtig ist. Ich wende mich vielmehr dem Thema »innere Behinderung« zu, das jeden Menschen betrifft. Denn durch den unbewussten Umgang mit uns selbst behindern wir uns innen mehr oder weniger intensiv. So blockieren oder unterdrücken wir bestimmte negativ bewertete Gefühle, Gedanken oder andere Energien und verhindern, dass sie sich in uns frei entfalten können. Auch wenn mir dann im Augenblick keine eigene innere Behinderung einfällt, kann ich sagen: »Behinderung, ich denke gerade an dich. Du gehörst auch zu mir.« Das ist ein Moment innerer Beziehung. Vielleicht kommen dann – als Antwort der Behinderung – ein bisschen Ruhe und eine kleine Freude auf.

Sehe ich jemanden, dessen Gesicht und Körperhaltung Angst ausdrückt, dann vermute ich, dass er im Alltag ziemlich viel Angst gegenüber der äußeren Welt spürt und sich häufig hilflos und bedroht fühlt. Ich weiß jedoch, dass ein wesentlicher Teil der Angst von innen kommt, wenn man unvertraut mit sich ist. Dann gibt es viele Energien, Gefühle und innere Zustände, die man als bedrohlich oder gefährlich empfindet und vor denen man Angst hat. Ich spreche meine eigene Angst an, mit der ich schon sehr vertraut lebe und sage: »Angst, ich denke an dich. Ich freue mich, dass ich dich so gut kenne und so offen mit dir leben kann.« Dann freut sich auch meine Angst. Es ist ein schöner kleiner Augenblick mit mir selbst. Manchmal imitiere ich (unauffällig) Körperhaltungen oder Gesichtszüge, um deutlich zu spüren, wie sich das im Körper auch innerlich anfühlt.

Auf diese Weise kann zum Beispiel ein Gang zum Einkaufen ein interessanter und beglückender Weg nach innen werden, wenn man ab und zu ein bisschen achtsamer andere Menschen und die äußere Welt wahrnimmt und sich innen davon berühren lässt.

Man kommt ganz einfach von außen nach innen, indem man dem beobachteten Zustand einfach ein »innen« voransetzt. So kann man in den Körperhaltungen anderer Menschen ihr (inneres) Fließen oder Stocken oder Festhalten erkennen, aber auch ihr Vertrauen oder ihre Angst vor dem nächsten (inneren) Schritt. Manche Menschen leiden unter starkem (innerem) Druck und großer (innerer) Last und gehen gebeugt. Im Gesicht können (innere) Gelöstheit, Angespanntheit, oft auch die (innere) Kontrolle sichtbar werden und natürlich Freude, Trauer, Angst aber auch (innerer) Energiemangel oder Hochdruck. Wie jemand spricht, zeigt (inneres) Festhalten und (innere) Anstrengung, ebenso wie Erschöpfung oder Lebendigkeit. Man kann die Lebensgewohnheiten, das Auto und die Stimmung der Wohnung oder des Gartens eines Menschen bei sich selbst ankommen lassen, um ihn und sich zu spüren.

Wie man jemanden wahrnimmt, hängt natürlich von den eigenen inneren Zuständen ab. Ich weiß, dass man zum Beispiel jemanden, der streng, hart oder arrogant auftritt, anders erlebt, wenn man mit seinem eigenen (inneren) Schutz vertrauter ist. Dann spürt man nämlich, dass der andere nicht wirklich stark ist und dass er sich auch nicht in erster Linie gegen andere Menschen wendet, sondern dass er gerade von inneren Vorgängen berührt wird, die er kaum ertragen kann und vor denen er sich innerlich zu schützen versucht.

Macht man immer wieder derartige spielerische Experimente, um Menschen und äußere Dinge bewusst wahrzunehmen, fördert man seine eigene Achtsamkeit, Bewusstheit und Sensibilität. Das macht es selbstverständlicher, sich mehr zu spüren und sich auf allen möglichen Ebenen zu erfahren. Gleichzeitig erlebt man in anderen Menschen viele Themen, die einem selbst zur Zeit nicht nahe sind. Man wird sich so der großen Vielfalt menschlicher Lebens- und Ausdrucksmöglichkeiten bewusst.

Sehnsüchte bewegen den Menschen

Man kann in der Wahrnehmung anderer Menschen viele Verhaltensweisen »durchschauen«, wenn man die äußeren Vorgänge als innere ansieht. Das habe ich zum Beispiel an der körperlichen Behinderung deutlich gemacht, die einen zur inneren Behinderung führen kann. Es gibt aber immer wieder – auch eigene – Verhaltensweisen, die man nicht so erfassen kann und die man als sinnlos oder unvernünftig empfindet. Hinter denen liegen oft Sehnsüchte, die nur selten bewusst erlebt werden, aber trotzdem ihre Wirkungen haben. Ich habe mich weiter oben schon kurz mit Sehnsüchten beschäftigt. An dieser Stelle werde ich sie ausführlicher darstellen, weil sie die Ursache für viele äußere Reaktionen sind.

Menschen spüren natürlich immer wieder Sehnsüchte. Bei uns glaubt man, dass diese sich in der äußeren Welt erfüllen. Hat man also zum Beispiel die Sehnsucht nach Nähe und Beziehung, sucht man sich jemanden, mit dem man das erleben kann.

Aus vielen inneren Erfahrungen weiß ich jedoch, dass Sehnsüchte »Rufe von Innen« sind, die sich dort so erfüllen können, wie man es sich wünscht. Wenn man das nicht weiß, können unbewusste und zwanghafte Verhaltensweisen entstehen, die einen selbst und andere Menschen ins Leid bringen können.

Für mich ist die Beschäftigung mit Sehnsüchten sehr faszinierend. Denn gerade hinter den rational oft nicht verständlichen Reaktionen von Menschen liegen intensive innere Bedürfnisse, die in unserer Weltanschauung wenig oder überhaupt nicht befriedigt werden. Wenn man nicht weiß, dass sich Sehnsüchte innen erlösen, muss man unbefriedigt bleiben. Dann sucht man zwanghaft immer weiter die Befriedigung außen, wo man sie jedoch nicht so findet, wie man es braucht.

Sehnsüchte richten sich meistens auf angenehme Zustände, die man (noch) nicht spürt, die man aber gerne hätte. Das sind:

- Liebe, Angenommensein, Geborgenheit, Nähe, Berührung, Sexualität,
- Verstanden-Werden, Gehört-Werden, Freundschaft,
- Zufriedenheit, Glück, Freude, Reichtum, Fülle, Gesundheit, Ordnung,
- Leichtigkeit, Weite, Licht, Ruhe,
- Vertrauen, Gelassenheit, Selbstbewusstsein, Selbstvertrauen,
- Neues, Abenteuer, Ungewöhnliches, Aufregendes, Tod,
- Vollkommenheit, Ganzsein, Heilsein.

Die Menschen versuchen, die ersehnten Zustände zu erreichen. Es gibt jedoch bei uns Vorstellungen, die den Umgang mit Sehnsüchten sehr schwierig machen.

Viele Menschen glauben, dass man erst den »gegensätzlichen« Zustand beseitigen müsste, um das ersehnte angenehme Gefühl leben zu können. Sehnt sich jemand zum Beispiel nach Freude, meint er, dass er dieses schöne Gefühl nur erreichen kann, wenn er Trauer und Depression überwunden und hinter sich gelassen hat. So wendet er sich unbewusst gegen die »andere Seite«, die er unterdrückt oder bekämpft, um sie nicht mehr zu spüren. Damit kann eine unbewusst gelebte Sehnsucht auch zu Abwehr und sogar zu Gewalt führen. Das findet zuerst im Inneren des Menschen statt und verursacht das Leiden, das er ja gerade vermeiden will.

Wer so mit sich umgeht, hat leider auch die Tendenz, sich ganz ähnlich außen zu verhalten. Wer zum Beispiel seine innere Fremdheit mit Gewalt zu überwinden versucht, um endlich sein Vertrauen zu finden, der könnte auch abweisend und aggressiv mit fremden Menschen umgehen.

Bei uns glauben die meisten Menschen, dass sich Sehnsüchte außen erfüllen. Man bemüht sich daher, den ersehnten Zustand durch äußere Umstände zu erreichen. Um sich zum Beispiel angenommen oder geliebt zu fühlen, sucht man sich einen Menschen, bei dem man sich wohl zu fühlen hofft. So kann man hinter sehr vielen Verhaltensweisen Sehnsüchte finden. Denn fast jeder Mensch versucht, sich eine Umgebung zu schaffen, in der er sich möglichst dauerhaft wohl, geborgen, angenommen und zufrieden fühlt. Das ist der Grund für fast alle Beziehungen zwischen Menschen. Das findet sich im Verhalten in der Familie wieder aber ebenso in der Religion, in der Politik und sogar in der Wirtschaft, in der es häufig gar nicht um lebensnotwendige Bedürfnisse geht, sondern um Sehnsüchte.

Ich stelle hier einige Verhaltensweisen dar, um sie ganz deutlich zu machen. Sehnsüchte als Vorgänge im eigenen Geist bewegen jeden Menschen. Viele Reaktionen werden verständlich, wenn man die dahinter liegenden unbewussten inneren Wünsche betrachtet. Das trägt natürlich dazu bei, bewusster mit den eigenen Sehnsüchten umzugehen und mit den daraus entstehenden äußeren und inneren Verhaltensweisen vertrauter zu werden. Das kann etliche – bisher unbewusst gelebte – eigene Zwanghaftigkeiten erlösen.

Idole und spirituelle Meister berühren Sehnsüchte im Menschen

Viele Jugendliche lieben Pop-Stars, Filmschauspieler oder Sportler, sammeln deren Bilder, Bücher und Songs, treten Fan-Clubs bei und gehen zu allen Veranstaltungen. Bei einigen bekannten Pop-Sängern gibt es kreischende Mengen von Jugendlichen, von denen einige vor Begeisterung in Ekstase geraten und in Krämpfen oder Ohnmacht weggetragen werden müssen.

Erwachsene verhalten sich kaum anders. Ihre Idole sind jedoch eher gekrönte Häupter, Schlagersänger, Opernsänger oder Schauspieler, Schriftsteller, Maler und andere Künstler, wie auch Politiker und Sportler. Leider gehören aber auch Diktatoren dazu, die fast immer genügend Anhänger für ihre Machtspiele finden.

Für eigene innere Erfahrungen besonders interessant sind die religiösen Lehrer und Meister, die meistens aus dem Osten zu uns kommen und Anhänger um sich sammeln.

Alle Idole lösen in ihren Verehrern starke Sehnsüchte aus, die zu angenehmen Gefühlen führen können, welche die Anhänger und die Verehrten selbst genießen.

Das Idol berührt den Menschen ganz intensiv im eigenen Inneren. Er spürt dabei Eigenschaften, nach denen er Sehnsucht hat, von denen er jedoch nicht weiß oder glaubt, dass sie zu ihm gehören.

Bei einem (Pop-)Sänger oder Schauspieler sind es wohl die Selbstsicherheit, sich vor so vielen anderen darstellen zu können, die große Bekanntheit und Bewunderung, die Kraft, der Reichtum und der Umgang mit den Berühmten dieser Welt. Bei einem Künstler sind es seine Themen und Motive, seine Art der Darstellung und auch wieder Eigenschaften seiner Persönlichkeit. Bei einem religiösen Meister spürt der Anhänger dessen großes Vertrauen in seinen Glauben, Gelassenheit, Frieden und auch wieder die Verehrung der anderen. Und bei einem Diktator geht es ziemlich sicher um Macht, Kraft, Kontrolle und Ordnung.

Bei uns sieht man Fans aller Art manchmal mit Bedenken, weil man ihre irrationale Begeisterung, ihren Fanatismus und ihre manchmal offensichtliche Abhängigkeit schwer ertragen kann. Man versucht daher, vor allem Jugendliche davor zu bewahren.

Es ist jedoch wieder eine Frage der eigenen Bewusstheit, wie man mit Idolen umgeht und ob man an einer solchen Verehrung leidet. Glaubt man, wie es bei uns üblich ist, dass die Ursachen der eigenen Gefühle und Stimmungen außen sind, dann muss man sich immer wieder mit dem verehrten und geliebten Idol beschäftigen, um die gewünschten und beglückenden inneren Vorgänge zu spüren. Man wird von ihm abhängig, was häufig kommerziell ausgenutzt wird.

Weiß oder ahnt man jedoch, dass einen die äußere Welt im eigenen Inneren berührt, dann kann man andere Menschen schätzen, verehren und sogar begeistert von ihnen sein. Gleichzeitig kann man sie »nutzen«, um mit sich selbst vertrauter zu werden. Das versucht ein wirklicher spiritueller Meister in seinen Anhängern auszulösen.

Man muss, um sich selbst zu erfahren, weder Verehrung noch Begeisterung überwinden. Man kann sagen: »Begeisterung, ich spüre dich und freue mich über dich.« Damit wird einem bewusst, dass Begeisterung und Lebendigkeit eigene innere Vorgänge sind. Sie sind nicht nur da, wenn man sich mit der verehrten Person beschäftigt.

Denkt man zum Beispiel an einen begnadeten Sänger, beschäftigt man sich nicht zuerst mit dem anderen Menschen. Man erlebt einen inneren Eindruck, der so aussieht wie der verehrte Sänger. Dann sind auch alle seine Eigenschaften in einem selbst, zum Beispiel der schmelzende Klang der Stimme. Die hört man nicht von außen, sondern im eigenen Inneren. Das muss nicht bedeuten, dass man selbst die Fähigkeit hat, diese wunderbaren Klänge in die äußere Welt zu bringen. Aber Wohlklang, Harmonie, Kraft, Lebendigkeit, Vertrauen und Rührung, die man dann spürt, sind alle in einem selbst.

Man kann sich diesen angenehmen inneren Vorgängen direkt zuwenden und sagen: »Ich bin total begeistert von euch.« Man kann den äußeren Sänger weiterhin genießen und spüren, wie er einen innerlich berührt. Man ist jedoch nicht mehr abhängig von seiner Anwesenheit oder seiner Musikaufnahme und gewinnt Selbstbewusstsein und Selbstvertrauen.

Jeder wirkliche religiöse Lehrer und Meister kennt und lehrt solche Zusammenhänge. Er freut sich über die Verehrung und die Hingabe seiner Anhänger, die ihren Sehnsüchten entsprechen. Er macht ihnen jedoch immer deutlich, dass es dabei um Gott geht oder um den eigenen »inneren Meister«, den der Mensch in sich finden kann. Auf diese Weise lernt der Anhänger sein eigenes Vertrauen, seine eigene Gelassenheit und vor allen Dingen die Weite seiner eigenen inneren Welt kennen. Der wirkliche Lehrer führt seinen Schüler zu Selbstvertrauen und Unabhängigkeit.

Religiöse Lehrer besitzen oft hohes Ansehen und großen Einfluss. Daher gibt es leider etliche »Nachahmer«, die sich ähnlich verhalten, aber vor allem Macht und Anerkennung suchen. Sie machen ihre Anhänger abhängig, indem sie vermitteln, dass sie über geheimes Wissen verfügen und dass bestimmte »hohe« spirituelle Erfahrungen nur mit ihnen gemacht werden können. Außerdem soll man Schaden nehmen, wenn man einen solchen Lehrer verlässt oder über Einzelheiten seiner »Geheimlehre« spricht.

Da wir im Kirchenchristentum spirituelle Lehrer und Meister nicht mehr kennen, gibt es hierzulande viele Vorurteile gegen sie, die zum Teil durch das Verhalten solcher Nachahmer begründet sind. Daher werden leider auch immer wieder sehr hilfreiche spirituelle Wege aus anderen Kulturen als »Sekten« diffamiert.

Die oft geradezu ekstatische Begeisterung vieler (junger) Menschen für ihre irdischen Idole zeigt mir ihre tiefen inneren – religiösen – Bedürfnisse, die bei uns von den Kirchen nicht befriedigt werden. Daher wird ein Pop-Star als Mensch völlig überhöht und vergöttert. Er bekommt die Zuwendung und das Vertrauen, die eigentlich einem spirituellen Lehrer – oder Gott – gebühren.

Der Pop-Star, wie auch die meisten anderen Idole, verbreiten jedoch im Allgemeinen die bei uns üblichen Vorstellungen: Die anderen sind die Ursache für das eigene Glück oder Unglück, man muss sich bemühen, das Gute zu gewinnen und das Böse zu bekämpfen.

Wer sich jedoch selbst erfahren möchte, kann das auch durch seine Begeisterung für einen anderen Menschen erreichen. Man braucht nur an den äußeren Menschen zu denken, um Sehnsucht, aber auch Offenheit und Vertrauen in sich selbst zu spüren. Das wird besonders intensiv, wenn man an einen lebenden oder historischen religiösen Meister denkt, dem man sich zu Füßen setzt. Diese Hingabe, die sich scheinbar auf einen anderen Menschen richtet, öffnet den Zugang zum eigenen Inneren. Und da uns jeder wirkliche Meister in das Reich bringen will, das nicht von dieser Welt ist, kommt man dabei nicht nur mit den eigenen dichten Ebenen in Kontakt, sondern auch mit den meistens ganz unvertrauten feineren Ebenen des eigenen Geistes. Zu denen locken uns unser Leben lang Sehnsüchte nach Freiheit, Grenzenlosigkeit und Heil.

Die Hingabe an einen (lebenden) Meister ist bei westlichen Menschen oft mit der Angst vor Abhängigkeit verbunden. In mystischen Religionen ist das Verhältnis zwischen Lehrer und Schüler jedoch eindeutig bestimmt. Der äußere Meister hat nur die Aufgabe, den Schüler zu eigenen Erfahrungen zu bringen, zum Beispiel zu seinem »inneren Meister«. Die Hingabe an den Lehrer ist dabei sehr hilfreich und für manche Menschen geradezu notwendig. Denn wer sich einem anderen Menschen wirklich anvertraut, kann sich auch innerlich ausliefern.

Ist man in der physischen Welt bei einem spirituellen Lehrer, erlebt man ihn als einen Menschen mit seinen Eigenschaften und Fähigkeiten. Man kann sich innerlich von ihm berühren lassen und sich selbst dabei spüren.

Denkt man an diesen Lehrer oder träumt man von ihm, ist man ganz und gar im eigenen Geist. Man erlebt einen Teil von sich selbst, der viel Vertrauen hat und einen zu weiteren inneren Erfahrungen ermutigt. Genauso ist es, wenn man an einen historischen Meister denkt, von ihm liest oder ein Bild von ihm betrachtet. Wer möchte, kann diesen Teil von sich »inneren Meister« nennen und mit ihm sprechen, ihn bitten, ihm danken, zu ihm hinhören, mit ihm meditieren und ihn mit in den Alltag nehmen.

Ich habe bei der Begleitung von inneren Reisen schon viele solcher inneren Meister miterlebt. Häufig erscheinen sie bei jemandem, der eine Zeit lang in einem indischen Ashram bei seinem Lehrer gelebt hatte. In der inneren Erfahrung denkt er mit Freude und Liebe an ihn. Er wird aber auch traurig, weil er ihn vermisst. Ich bitte ihn zu sagen: »Meister, ich habe große Sehnsucht nach dir.« Der Meister ist lebendig und fröhlich und sagt: »Ich bin hier.«

Wenn ich dann frage, ob der Meister in ihm sein könnte, ist der Mensch meistens unsicher. Manchmal lehnt er es ab. Er glaubt, dass es um den lebenden Meister in Indien geht, der zu ihm geistigen Kontakt hat und der ihn manchmal »besucht«, um ihm etwas zu sagen oder deutlich zu machen. Trotzdem bitte ich ihn zu fragen: »Mein Lehrer, bist du in mir?« Der Mensch ist sehr verwundert, dass der Meister ihm sagt: »Ich bin ein Teil von dir.«

Er fragt zweifelnd: »Warst du schon immer so in mir, auch wenn ich dich nicht gespürt habe?« Auch da hört er ein klares Ja. Der Mensch geniert sich, weil er nicht glaubt, dass er so sein könnte wie sein verehrter Lehrer. Er hat sogar Angst, dass sein Lehrer es ihm übel nehmen könnte, so mit ihm umzugehen.

Macht sich der Mensch jedoch im Laufe von weiteren Erfahrungen damit vertraut, dass das, worin ihn der äußere Meister berührt hat, immer in ihm ist, spürt er eine große Erleichterung. Er kann in jeder Situation mit dem inneren Meister reden. Er kann bewusst mit ihm meditieren, ihn aber auch im Alltag um Hilfe bitten. Er kann sich von ihm zu neuen inneren Erfahrungen ermutigen lassen, so wie es der äußere Lehrer auch tun würde, wenn er bei ihm wäre.

Der innere Meister kann auch wie Jesus oder Buddha aussehen und man kann dessen historische Worte und Überlieferungen benutzen, um sich selbst zu erfahren. Dabei wird einem bewusst, wie alltäglich und selbstverständlich dieser innere Umgang ist. Denn leider gibt es bei vielen religiösen Menschen nicht nur Bewertungen nach gut und schlecht, sondern auch nach hoch und niedrig. Ein spiritueller Lehrer soll danach ganz bedeutend und ungewöhnlich sein.

Es gibt sehr eindrucksvolle Menschen unter ihnen. Sie lehren jedoch, die innere Welt nicht als etwas Besonderes anzusehen, sondern sich mit ihr vertrauter zu machen, um sie in das irdische Leben einzubeziehen. Das kann man in sich selbst erfahren, wenn man bewusst mit seinem inneren Meister lebt.

Sehnsüchte, Verheißungen und Enttäuschungen in Beziehungen

In den folgenden Abschnitten betrachte ich einige Beispiele für die vielen Möglichkeiten, durch Beziehungen zu anderen Menschen sehr viel über sie und über sich selbst zu erfahren. Bei den meisten Begegnungen stehen Sehnsüchte nicht so im Vordergrund wie bei Idolen und spirituellen Meistern. Schaut man jedoch hinter die Kulissen, dann gibt es in allen solchen Beziehungen auch wieder Sehnsüchte. Manchmal ist es ganz erstaunlich, was man an Erkenntnissen gewinnen kann, wenn man bestimmte Menschen und ihre Verhaltensweisen von innen betrachtet.

Kind sein, Mutter sein

Von der Zeit im Mutterleib über Kindheit und Jugend bis ins Erwachsenenleben und ins höhere Alter macht jeder Mensch sehr viele Erfahrungen mit anderen Menschen. Es gibt im Verlaufe der Zeit alle möglichen menschlichen Begegnungen, in denen auch immer wieder Sehnsüchte gelebt werden. Man hat zum Beispiel an die Menschen, mit denen man eine engere Beziehung eingeht, die Erwartung, sich bei ihnen wohl zu fühlen und von ihnen angenommen und geliebt zu werden.

Das beginnt mit der Beziehung zur eigenen Mutter. Zu mir kommen viele Erwachsene, die in ihrer Kindheit und Jugend Schwierigkeiten mit ihrer Mutter erlebt haben und von diesen Erfahrungen bis in die Gegenwart berührt und betroffen sind. Sie haben daran gelitten, abgelehnt und nicht verstanden worden zu sein, Lieblosigkeit, Aggressivität und sogar Gewalt erfahren zu haben. Sie versuchen meistens schon lange, sich mit der Mutter auseinander zu setzen, um die Beziehung zu klären. Häufig gelingt es jedoch nicht so, wie das erwachsene Kind es sich jetzt wünscht.

Deswegen werde ich im Folgenden die Erfahrungen mit der Mutter in den Mittelpunkt stellen, obwohl viele der Themen ganz ähnlich auch mit anderen Menschen erlebt werden können.

Dass die leibliche Mutter sehr häufig im Mittelpunkt des Lebens steht, ist nicht verwunderlich, denn jeder Mensch beginnt sein Leben auf der Erde im Mutterleib. Dort verbringt er die ersten neun Monate in der direktesten und intimsten Beziehung, die es zwischen zwei Menschen geben kann. Physisch ist das Kind völlig von der Mutter abhängig, es erlebt deren Kraft und Schwäche, Gesundheit und Krankheit und auch deren Süchte am eigenen

Leib. Außerdem spürt das Kind jede Gefühlsregung und jeden Gedanken der Mutter.

Wenn man den Menschen – wie bei uns üblich – fast ausschließlich als physisches Wesen ansieht, glaubt man, dass das Kind im Mutterleib so lange von alledem nichts mitbekommt, wie es noch kein funktionsfähiges Gehirn hat. In inneren Erfahrungen kann man jedoch beliebig weit zurück gehen, sich bei der Zeugung und sogar vor der Verkörperung als Wesen wahrnehmen und sich an viele Einzelheiten erinnern.

Eine solche Vorstellung erschreckt viele Menschen. Auf der einen Seite haben sie Angst, durch die Gefühle, Gedanken oder Verhaltensweisen der Mutter schon vor der Geburt beeinflusst oder gar geschädigt worden zu sein. Auf der anderen Seite befürchten sie als Eltern, ihrem eigenen Kind bereits im Mutterleib zu viel zugemutet zu haben.

Für die Mutter beginnt die Beziehung zum Kind natürlich auch vor der Geburt und häufig sogar vor der Zeugung. Denn fast alle Eltern überlegen, ob und wann sie ein Kind haben wollen. Dabei werden Gefühle und Sehnsüchte deutlich, die sich auf das Kind beziehen. Oft ist der Wunsch nach einem Kind jedoch gleichzeitig mit Zweifeln und Ängsten verbunden.

Eltern haben aber auch – unbewusste – Erwartungen an ein Kind. Manche hoffen, durch das Kind die Beziehung zum Partner zu vertiefen oder zu festigen. Andere erwarten, durch das Kind die Zuwendung und Liebe zu finden, die sie bisher vergeblich gesucht haben.

Die Erfahrungen der Mutter, als sie selbst Kind war

Es mag etwas ungewöhnlich sein, eine Mutter, mit der sich das erwachsene Kind jetzt auseinander setzt, in ihrem eigenen Kindsein zu betrachten. Ich bin jedoch überzeugt, dass es sehr hilfreich ist, die inneren Vorgänge zu begreifen, die hinter dem Verhalten des erwachsenen Menschen liegen. Das im Folgenden geschilderte Beispiel entspricht sehr vielen Erfahrungen, die ich bei meinen Begleitungen von Menschen mit diesem Thema gemacht habe.

Kindheit und Jugend sind in jeder Generation Zeiten des Lernens und der Erfahrungen mit der äußeren Welt. Jedes Kind erwirbt alle möglichen Fähigkeiten, unter den gegebenen Bedingungen zu leben und sich zu behaupten. Gleich nach der Geburt beginnt das Kind, notwendige Vorgänge zu lernen: Es atmet, es reagiert auf Berührungen und Geräusche. Es sucht Wärme, Nähe und Nahrung. Wenn diese Bedürfnisse erfüllt werden, ist es zufrieden. Wenn nicht, macht es durch Schreien auf sich aufmerksam. Dabei lernt es, dass Erwachsene meistens auf solche Signale reagieren und dass es dann das bekommt, was es möchte.

Ein gesundes Kind geht mit allen Gefühlen ganz selbstverständlich um. Es schreit, wenn es Hilfe braucht. Es weint, wenn es traurig ist. Es ist trotzig, wenn es etwas nicht will. Es ist wütend, wenn es etwas nicht erreicht. Und es freut sich, wenn es sich wohl fühlt. Es lebt seine Gefühle »rücksichtslos«, denn es achtet nicht darauf, ob andere Menschen seine Gefühle mögen oder nicht. Es lernt dabei, dass die Erwachsenen auf bestimmte Reize besonders schnell und intensiv reagieren: Ein plötzliches lautes Gebrüll ruft sie sofort herbei. Und ein lautes Weinen stoppt jedes Gespräch der Erwachsenen.

Da ein Kind sehr schutz- und pflegebedürftig ist, sind derartige Verhaltensweisen ganz selbstverständlich und werden vom Kind für seine Zwecke genutzt. Im Laufe solcher Erfahrungen merkt das Kind jedoch, dass die Erwachsenen ganz unterschiedlich auf Signale und Gefühle reagieren. Lacht das Kind, wirkt der Erwachsene entspannt und fröhlich und redet und spielt mit ihm. Das Kind fühlt sich angenommen. Weint das Kind, tröstet der Erwachsene es, berührt es und nimmt es auf die Arme, um es ruhig zu machen. Gelingt das nicht, wird der Erwachsene laut, manchmal aggressiv und versucht, das Kind zu dämpfen. Jetzt fühlt es sich abgelehnt. Brüllt es dann noch voller Wut und Trotz, reagiert der Erwachsene mit lautem Schreien und vielleicht mit Handgreiflichkeiten, um die Wut zu brechen. Ein älteres Kind wird ausgeschimpft und bestraft, indem es in sein Zimmer geschickt wird oder ihm etwas verboten wird, was es gern tut oder gern isst.

Das Kind fühlt sich dann persönlich abgelehnt und ungerecht behandelt, da es ja mit seinen eigenen Gefühlen keine Probleme hat. Und der Erwachsene wird nach einem solchen Zwischenfall erst nach einer Weile wieder friedlicher und freundlicher.

Der Erwachsene versucht – meistens unbewusst – das Kind so zu erziehen, dass es in die Familie und in die Gemeinschaft (der Nachbarn) passt. Bei uns gibt es ja ziemlich allgemeingültige Bewertungen von Verhaltensweisen. Der Erwachsene geht so mit dem Kind um wie mit sich selbst. Er fördert die positiven Gefühle und vermeidet oder verhindert die negativen Gefühlen. Freude und Zufriedenheit werden als gut und wertvoll angesehen und durch Zuwendung vertieft. Trauer, Wut, Trotz wie auch Angst werden zu vermeiden gesucht. Solche negativen Gefühle werden übersehen, abgelehnt, unterdrückt und bekämpft. Lässt sich das Kind nicht zur Ruhe bringen, wird es vielleicht bestraft.

Der Erwachsene tut das mit den besten Absichten, weil er die negativen Gefühle des Kindes nicht ertragen kann und es davor zu bewahren versucht. Es wird ihm jedoch fast nie bewusst, dass er mit diesen Gefühlen in sich selbst Probleme hat. Er empfindet sie als negativ, schlecht oder falsch. Er versucht, sie zu vermeiden oder zu überwinden. Er leidet an diesen Gefühlen. So bemüht er sich, das Kind nicht leiden zu lassen, indem er es von den Gefühlen befreit. Deswegen tröstet er es, um es von den negativen Gefühlen wegzubringen oder setzt es unter Druck: »Sei doch nicht traurig. Es ist doch gar nicht so schlimm.« »Du brauchst keine Angst zu haben. Ich bin doch bei dir.« »Schrei hier nicht rum. Was sollen die Nachbarn denken.« »Hör endlich auf mit dem Geplärr. Sonst gebe ich dir einen Grund dafür.« Der Erwachsene tut alles, damit er selbst nicht mehr von solchen unangenehmen Gefühlen berührt wird.

Wenn er bewusster mit sich umginge, müsste er dem Kind sagen: »Liebes Kind, ich habe zu diesen Gefühlen wenig Beziehung und Vertrauen. Wenn du sie mir nahe bringst, muss ich dich zwanghaft zur Ruhe bringen, damit ich nicht mehr von ihnen berührt werde.«

Leider merken jedoch die meisten Menschen nicht, dass es um ihren eigenen Umgang mit Gefühlen geht. Dadurch werden sie sich auch nicht bewusst, dass sie gar nicht an den negativen Gefühlen leiden, sondern an dem Mangel an Vertrauen zu sich selbst.

Die unbewusste Abwehr von bestimmten Gefühlen im eigenen Inneren führt zur Ablehnung außen, die sich häufig hinter scheinbar liebevollem Trösten versteckt oder in Aggressivität ausdrückt.

Das Kind lebt jedoch alle seine Gefühle und ist sich »keiner Schuld bewusst«. Es fühlt sich persönlich abgelehnt, unterdrückt und bestraft: »Die Eltern sind böse auf mich« oder »Die Eltern mögen mich nicht.«

Ein kleines Kind kommt nie auf die Idee, dass der Erwachsene Probleme mit sich selbst hat. Denn ein Kind sieht den Erwachsenen fast immer als Vorbild, dem es nachstrebt. Er ist riesengroß und kann alles, was das Kind gerne tun möchte: lesen, schreiben, rechnen, telefonieren, Auto fahren, sich mit anderen auseinander setzen. Dabei ist es ganz normal, dass das Kind den Erwachsenen idealisiert. Das Kind muss ja ununterbrochen alles lernen, was für sein Leben notwendig ist. Der Erwachsene lebt es ihm vor.

Und von diesem idealen Erwachsene fühlt sich das Kind immer wieder in Stich gelassen, wenn es bestimmte Gefühle zeigt. Er zieht sich zurück, er ist nicht zu erreichen, er setzt das Kind unter Druck, er wird laut und manchmal auch gewalttätig. Aus solchen Erfahrungen weiß das Kind nach einiger Zeit, dass es nicht »richtig« ist. Denn der Erwachsene kann es nicht mehr unbefangen annehmen und lieben wie es ist. Das Kind ist traurig und entwickelt manchmal sogar Schuldgefühle gegenüber den Eltern, weil die sich so über es ärgern müssen und sich mit ihm manchmal gar nicht wohl fühlen.

Oft reagiert das Kind mit dem Versuch, sich so zu verhalten, dass der Erwachsene es wieder liebt. Es vermeidet die Gefühle, die eine Ablehnung auslösen. Es passt sich an und lernt das Verhalten der Erwachsenen. Es weiß dann sein Leben lang, was schlechte Gefühle sind, die man nicht haben und auch niemandem zeigen darf. Als Erwachsener gibt dieses Kind das Gelernte meistens weiter und geht mit seinen eigenen Kindern genauso um, wie es das mit seinen Eltern erlebt hat.

Andere Kinder fühlen sich jedoch so verletzt durch das unverständliche und scheinbar willkürliche Verhalten der Eltern, dass sie mit Trotz und Aggressionen antworten, was die Situation weiter verschärft. Einige Kinder wissen gar nicht mehr, wie sie sich verhalten sollen, und resignieren. Sie verlieren das Vertrauen zu den Eltern und anderen Erwachsenen und zeigen Stress- und Überforderungssymptome, die manchmal später in Todessehnsüchten und sogar im Suizid(-versuch) enden.

Einige Kinder versuchen auch, die Erwachsenen zu Gefühlen zu reizen, um mehr von ihnen zu spüren. Es entstehen Machtgefühle, wenn das Kind erlebt, dass es durch einige »böse« Worte, durch Trotz oder Aggressivität, durch Unordnung oder ungewöhnliche Kleidung die Erwachsenen provozieren kann, die Distanz aufzugeben und vielleicht sogar die Kontrolle zu verlieren. Das Kind benutzt das, um etwas zu erreichen, wonach es Sehnsucht hat: Es möchte bemerkt werden, es möchte mehr Lebendigkeit beim Erwachsenen spüren oder es möchte etwas vermeiden, wozu es keine Lust hat.

Da der Erwachsene so unbewusst mit vielen seiner Gefühle umgeht, wird er für das Kind berechenbar. Auf ein bestimmtes Verhalten des Kindes reagiert der Erwachsene wie ein Automat. So lässt er sich zu immer gleichartigen Reaktionen auf das Verhalten des Kindes hinreißen. Ein gesundes Kind benutzt solche Möglichkeiten auch, um sich von der Übermacht des Bildes der Erwachsenen zeitweise zu befreien.

Für die Eltern wird es ebenfalls zunehmend schwieriger, mit dem Kind umzugehen. Sie sind meistens der Überzeugung, dass sie alles tun, damit es dem Kind gut geht, indem sie es vor den negativen Gefühlen bewahren. Sie erleben jedoch, dass Trauer, Hilflosigkeit und Aggressionen umfangreicher werden in den Beziehungen zum Kind. Die Eltern möchten gern ein glückliches, zufriedenes Kind haben, besonders, wenn sie in ihrer eigenen Kindheit gelitten haben.

Sie müssen erleben, dass ihr Kind mehr und mehr »missrät«. Sie können ihre zunehmende Hilflosigkeit, ihre Schuldgefühle und ihre Gewalt nicht ertragen und führen einen verzweifelten Kampf gegen diese Gefühle und gegen das Kind, das sie oft als Ursache für die unerträglichen Zustände ansehen.

Es ist verständlich, dass sich dem Kind derartige Erfahrungen tief einprägen. Hat sich das Kind an die Erwachsenen angepasst, empfindet es das als Niederlage und schämt sich dessen. Hat es sich gegen das Verhalten der Erwachsenen gewehrt, hat es auch verloren, nämlich die Zuwendung und die Liebe der Eltern.

Es hat sein Vertrauen zu den Erwachsenen verloren. Diese Erfahrung prägt sein ganzes Leben. Manches Kind vergisst nachträglich die vielen Augenblicke, in denen es sich mit den Eltern zufrieden und wohl gefühlt hat. Die Kindheit wird dann ganz einseitig zu einer Zeit des Leidens, des Nicht-angenommen-Seins, der Ablehnung, der Gewalt.

Das Kind hat im Laufe seiner Erfahrungen auch gelernt, dass die Ursachen für das Leiden außen liegen. Daher sind die Eltern schuld, dass das heranwachsende und erwachsene Kind im Leben so viele Probleme mit Beziehungen und Angenommen-Sein hat. Es kann keine Liebe zulassen, aber auch keine geben. Und da es nachträglich seine Kindheit und seine Eltern nicht mehr ändern kann, muss es mit diesem schweren Schicksal leben.

Mit solchen Vorstellungen geht das erwachsene Kind dann in seine eigenen Beziehungen. Es sucht sich Partner, bei denen es endlich das finden kann, was die Eltern nicht geben konnten: Liebe und Vertrauen. Sehr häufig findet es jedoch einen Partner, der einem Erwachsenen der Kindheit ganz ähnlich ist. Eine Frau heiratet einen Mann, der plötzlich die Eigenschaften des schwierigen Vaters zeigt. Er wirkt verschlossen, kann Gefühle nicht zeigen und zulassen, ist unzufrieden, manchmal unberechenbar aggressiv, und er kann seine Frau nicht so akzeptieren wie sie ist. Ein Mann findet häufig eine Frau, die seiner Muter ähnlich ist. Sie ist schwer zu erreichen, vielleicht immer geschäftig und in manchen Situationen lieblos und abweisend. Der Mann findet nicht, was er sucht.

Wenn das erwachsende Kind solche schwierigen Beziehungen mehrmals hintereinander erlebt hat, ist es ganz verzweifelt, weil es immer wieder den falschen Partner bekommt. Es hat einfach kein Glück. Daran sind die Eltern schuld.

Und dann wird eine Frau mit derartigen Erfahrungen in ihrer Kindheit selbst Mutter. Vielleicht freut sie sich auf das Kind, weil sie ihm jetzt alles geben kann, was sie selbst nicht gehabt hat. Vielleicht hat sie Angst, weil sie sich nicht sicher ist, ob sie das schafft. Vielleicht zweifelt sie, ob sie es einem Kind zumuten kann, in diese schwierige Welt geboren zu werden.

Wenn sie sich zum Kind entschließt, wird sie versuchen, das Kind schon im Mutterleib nicht unnötig zu belasten durch Zweifel, Angst oder Ablehnung. Sie wird solche Gedanken und Gefühle gar nicht erst zulassen. Sie weiß ja aus eigenen Erfahrungen, wie man daran leidet, nicht angenommen zu werden. Manchmal spürt sie jedoch Stress, wenn sie daran denkt, alles richtig machen zu müssen.

Wenn das Kind geboren ist, geht sie liebevoll mit ihm um, nimmt es in den Arm, spricht sanft mit ihm und freut sich. In solchen Augenblicken denkt sie daran, was ihr als Kind gefehlt hat. Das Kind wird größer und manchmal auch fordernder. Es schreit ziemlich häufig ohne Grund. Die Nächte sind unruhig. Die Mutter spürt Stress und Frust und strengt sich sehr an, es das Kind nicht spüren zu lassen. Sie lächelt, auch wenn es ihr nicht so gut geht: »Mein Kind soll es besser haben als ich es in meiner Kindheit hatte. Es soll nicht so oft traurig und hilflos sein.«

Dann verliert sie zum ersten Mal die Kontrolle über sich und schreit das Kind an, als es gar nicht aufhört zu quengeln. Sie ist erschüttert und entschuldigt sich bei dem Kind, das trotzdem nicht ruhiger wird. Sie spürt Schuldgefühle, die sie aber gleich wieder unter Kontrolle bringt. Sie will in diesem Augenblick nicht an etwas Negatives denken.

Leider bleibt es kein Einzelfall. Sie ist manchmal überfordert und genervt. Das Kind tut alles Mögliche, was sie in Trab hält. Sie kommt kaum noch dazu, sich um die Wohnung zu kümmern, um das Essen, um den Ehemann und um Freunde. Es tut ihr leid, wenn das Kind weint oder sich nicht wohl fühlt. Sie versucht es zu trösten. Aber es gelingt ihr nicht immer. Wenn das Kind zu lange herumschreit, stellt sie es schon manchmal in das Nebenzimmer und macht die Tür zu. Sie ist erschrocken, wenn sie realisiert, dass das Kind trotz aller Bemühungen manchmal richtig unglücklich zu sein scheint. Was macht sie bloß falsch? Aber das Kind darf einen auch nicht so total in Beschlag nehmen. Sie muss auch noch etwas anderes tun. Manchmal ist sie hilflos und zornig und schreit das Kind an, ehe sie es wegschiebt.

Irgendwann wird ihr plötzlich bewusst, dass sie mit dem Kind manchmal genauso umgeht, wie es ihre Mutter mir ihr gemacht hat. Sie ist ganz entsetzt, weil sie das immer vermeiden wollte. Eine Zeit lang gelingt es ihr, ihre negativen Gefühle und Gedanken unter Kontrolle zu halten und mit dem Kind freundlich und liebevoll umzugehen.

Bis das Fass dann wieder einmal überläuft. Und das geschieht öfter. Wenn das Kind älter wird, scheint es sie manchmal regelrecht ärgern zu wollen. Es ist aggressiv und trotzig, und sie muss deutlich werden, um es überhaupt noch zu erreichen. Vielleicht rutscht ihr dann auch einmal die Hand aus. Ab hier wiederholt sich die ganze Geschichte, die ich oben geschildert habe: Ein gesundes Kind lebt seine Gefühle »rücksichtslos«. …

Das erwachsene Kind, die Mutter, verhält sich genauso, wie ihre Mutter es getan hat. Alle Versuche, nicht so zu sein wie die Mutter, sind gescheitert. Das Kind erlebt Abwendung, Lieblosigkeit und Aggression. Es ist der festen Überzeugung, dass die Mutter es nicht mag wie es ist.

Dies sind Erfahrungen, die fast jeder bei uns – mehr oder weniger intensiv – gemacht hat. Es sind sehr leidvolle Erfahrungen für die Mutter und für das Kind. Bei manchen wirken sie bis zum Ende des Menschen.

Die Ursache dieses Leidens liegt jedoch nicht im Umgang der Menschen miteinander, sondern im Geist der Beteiligten, nämlich in den bei uns üblichen Vorstellungen, die zu diesem Verhalten führen. Leider werden sich die meisten Menschen dessen nie bewusst. Und so kann man seine Vorstellungen weder erfahren noch verändern. Man hält zwanghaft an ihnen fest und reagiert oft so, wie man es eigentlich gar nicht will. Das scheint mir ein wesentliches Thema irdischer Erfahrungen zu sein.

Ein Mensch kann nur dann sein Verhalten verändern, wenn sich seine Vorstellungen verändert haben oder wenn er sie bewusst verändert. Das kann durch äußere und innere Erfahrungen geschehen. Man kann seine Einstellungen ändern, wenn man sich seiner bisherigen Vorstellungen bewusst wird.

Das sind alles ganz innere Vorgänge. Da man sich bei uns so wenig um den Geist kümmert, ist der Zugang zu den eigenen Gedanken und Vorstellungen schwierig. Das kann dazu führen, dass man trotz des Leidens seine bisherigen Einstellungen beibehält und sie sogar an die nächsten Generation weitergibt, auch wenn man es eigentlich nicht will.

Innere Erfahrungen mit der Beziehung Mutter und Kind

Das Leiden an der Mutter steht im Mittelpunkt der Erfahrungen vieler Menschen bei uns. Fast jeden Tag begleite ich jemanden, der sich damit beschäftigt. Obwohl Menschen ganz unterschiedlich sind, ähneln sich die Erfahrungen. Im Folgenden schildere ich ein Beispiel, dass ganz typische Vorgänge enthält.

Eine Frau (F:) kommt zu einer Einzelbegleitung zu mir (I:). Sie hat Probleme mit ihrem Partner. Manchmal ist ihre Beziehung schön, oft schlägt sie plötzlich um. Er ist dann abweisend und sehr aggressiv. Sie empfindet ihn als unberechenbar. Die Frau fühlt sich von dieser Beziehung, von ihrer Berufsarbeit und von den täglichen Aufgaben überfordert. Sie ist erschöpft und sehnt sich nach Ruhe.

I: Was spüren Sie jetzt?
F: Ich bin so erschöpft. Ich kann nicht mehr.
I: Sprechen Sie die Erschöpfung doch einmal laut und direkt an. Sie können ihr ganz ehrlich sagen, wie Sie sich mit ihr fühlen.
F: Erschöpfung, ich mag dich nicht. Verschwinde doch endlich. Mein Leben ist so mühsam durch dich. (Sie weint und versucht, die Trauer unter Kontrolle zu bringen.)
I: Lassen Sie die Trauer ruhig zu. Ich kann sie gut ertragen.
F: Trauer, ich spüre dich. Ich mag dich auch nicht.
Jetzt spüre ich einen Kloß im Hals, den ich schrecklich finde.
I: Sagen Sie dem Kloß, dass Sie ihn spüren.
F: Kloß, ich spüre dich leider zu oft. Ich finde dich schrecklich.
I: Wie fühlt sich Ihr Herz an, wenn es Sie so miterlebt?
F: Es klopft laut. Da ist auch ein Druck auf dem Herzen.
I: Möchten Sie es besuchen, um es besser kennen zu lernen?
F: Geht denn das?
I: Probieren Sie es, wenn Sie möchten. Sie können sagen: Herz, ich komme zu dir.
F: Herz, ich will jetzt zu dir kommen. Aber eigentlich machst du mir Angst.

I: Sie können der Angst sagen, dass sie mitkommen kann zum Herzen.
F: Vielleicht will ich das aber gar nicht. Ich will keine Angst haben. Und wie verhält sich wohl mein Herz, wenn ich es mit der Angst belästige?
I: Dann sagen Sie auch Ihrer Angst, dass Sie sie nicht mögen.
F: Also wirklich! Angst, dass ich dich überhaupt nicht mag, weißt du wohl.
I: Wie sieht Ihr Herz aus, oder wie stellen Sie es sich vor, wenn Sie ihm näherkommen?
F: Es ist ziemlich klein und dunkel.
I: Wie fühlen Sie sich, wenn Sie es so sehen?
F: Gar nicht gut. Es sieht traurig aus.
I: Wollen Sie mal dichter an das Herz herangehen? Es vielleicht berühren?
F: Es sieht ziemlich böse aus. Ich glaube, es will gar nicht, dass ich zu ihm komme.
I: Möchten Sie zu ihm gehen?
F: Eigentlich habe ich mir schon immer gewünscht, mit dem Herzen zu leben. Jetzt bin ich ganz hilflos, weil es so abweisend ist.
I: Kennen Sie so etwas von früher, vielleicht aus Ihrer Kindheit? Dass Sie jemanden erreichen wollten, der es nicht zuließ und vielleicht böse wurde?
F: (Sie weint.) Leider nur zu gut.
I: An wen denken Sie dabei?
F: An meine Mutter.
I: Können Sie ihr sagen, dass Sie traurig sind, wenn Sie an sie denken?
F: Mutti, ich bin ganz traurig.
I: Wie verhält sie sich?
F: Sie guckt abweisend. Ich glaube, dass sie gleich sauer wird.
I: Wie verhält sie sich dann?
F: Sie ist erst ganz ruhig. Und dann brüllt sie los: »Flenn' hier nicht so rum. Hast du nichts Besseres zu tun?«
I: Wie fühlen Sie sich jetzt?
F: Es ist immer dasselbe. Es ist hoffnungslos, sie verändert sich nicht mehr. (Sie weint.) Dabei ist sie manchmal auch ganz lieb. Aber plötzlich knallt sie los. Wenn sie dann die Kontrolle verliert, haut sie auch zu. (Sie weint laut.)
I: Sagen Sie doch Ihrer Mutter, wie Sie sich jetzt bei ihr fühlen.
F: Mutti, ich hasse dich. Du bist so ungerecht.
I: Wie verhält sie sich?
F: Sie schreckt auf und ist ziemlich erschüttert.

I: Wie fühlen Sie sich, wenn Sie merken, dass sie reagiert und sogar erschüttert ist?

F: Ich bin überrascht. Das habe ich selten erlebt. Meistens wurde sie aggressiv, wenn ich etwas gegen sie gesagt habe.

I: Spüren Sie doch einmal, warum Ihre Mutter so mit Ihnen umgegangen ist. War sie mit sich vertraut? Kannte sie ihre eigenen Gefühle und inneren Zustände oder hat sie sich auch vor sich selbst geschützt? Ist sie vielleicht auch aggressiv mit dem umgegangen, was sie in sich nicht ertragen konnte?

F: Ich glaube, sie hat auch viele Probleme mit sich gehabt. Ihre eigene Mutter war auch ziemlich hart. Die musste noch viel arbeiten und konnte sich nicht um das Kind kümmern. Ich habe bei der Oma auch erlebt, dass sie nervös wurde und dann plötzlich losgeschrien hat. Meine Mutti konnte vieles nicht verkraften. Ich glaube, ich habe nie erlebt, dass sie mal geweint hat. Sie hat immer versucht, sich zu beherrschen.

I: Wie fühlen Sie sich jetzt, wenn Sie merken, dass Ihre Mutter sich auch nach innen geschützt hat und vielleicht aggressiv ihre eigenen Gefühle unter Kontrolle gebracht hat?

F: Das macht mich betroffen. Ich habe immer gedacht, dass sie eigentlich ein starker Mensch ist. Vielleicht hatte sie ja kein Vertrauen zu Weichheit und Trauer. Vielleicht ist sie dann wütend geworden, damit man es nicht merkt, dass sie traurig ist. (Sie schweigt einen Augenblick.) Das macht mich nun aber richtig traurig.

I: Sagen Sie Ihrer Trauer, dass Sie sie zulassen.

F: Es fällt mir immer noch schwer. Trauer, ich spüre dich. Ich mag dich nicht.

I: Kennen Sie das auch von sich selbst, dass Sie manche Gefühle nicht einfach zulassen können? Dass Sie sich dann auch nach innen und außen aggressiv verhalten, damit niemand merkt, was in Ihnen geschieht?

F: Doch, doch, das mache ich öfter.

I: Geht das bei Ihnen manchmal auch ganz schnell, sodass andere das gar nicht vorhersehen können und sie dann als unberechenbar empfinden?

F: Das höre ich aber gar nicht gern. (Sie wird wütend.) Ich will nicht unberechenbar sein.

I: Können Sie sich zugestehen, dass Sie jetzt wütend werden, weil Sie vielleicht gerade hilflos sind?

F: Eigentlich nicht. Aber es scheint ja so zu sein.

I: Können Sie sich vorstellen, dass Sie Ihrer Mutter ähnlich sind in dieser schnellen und aggressiven Abwehr nach innen und außen?

F: Das sagt mir mein Partner manchmal. (Wütend.) Aber der soll man vor seiner eigenen Tür kehren, so unberechenbar wie der sich verhält.

I: Spüren Sie Ihre Abwehr und sprechen Sie sie an.

F: Abwehr und Wut, ich mag euch nicht. Aber ich spüre euch.

I: Könnten Sie Ihrer Mutter jetzt sagen, dass Sie auch manchmal wenig Vertrauen zu Ihren eigenen Gefühlen haben und die dann heftig abwehren? Dass Sie sich da wohl ähnlich sind?

F: Das fällt mir sehr schwer. Ich wollte nie so sein wie sie. (Nachdenklich.) Aber so ein bisschen habe ich wohl doch geerbt. Mir wird gerade manches auch in meiner Beziehung klar. Da werde ich auch ganz schön wütend, wenn mein Partner sagt, dass ich meiner Mutter ähnlich bin. Dann schreie ich und knalle die Türen, um das nicht zu hören. Dabei mache ich wirklich das, was meine Mutter auch gemacht hat. Es ist schrecklich. Und mein Partner verhält sich auch so. Wenn ich ihm sage, dass er seinem cholerischen Vater ähnlich ist, platzt er wie eine Bombe. Mein Gott. (Zögernd.) Also, ich bin richtig erschüttert. Das hätte ich ja nie gedacht. Ich bin meiner Mutter ganz ähnlich. Die hat auch nie bemerkt, wie sie wirklich ist.

I: Dann sagen Sie Ihrer Mutter, dass Sie sich ähnlich sind in dieser unbewussten aggressiven Abwehr.

F: Ja, Mutti, es fällt mir sehr schwer, dir das zu sagen. Aber ich glaube, dass ich dir doch ähnlich bin. Ich bin auch aggressiv und manchmal ganz unberechenbar. Eben noch ganz ruhig und dann platze ich los. Genau wie du. (Sie weint.)

I: Wie verhält sich Ihre Mutter, wenn Sie ihr das sagen?

F: Sie weint auch. Sie sieht ganz weich aus.

I: Sagen Sie ihr, dass Sie jetzt auch traurig sein kann, so wie sie es sind.

F: Mutti, du kannst traurig sein. Ich bin es auch.

I: Gehen Sie doch zu ihr hin. Nehmen Sie sie in Ihre Arme. Sie müssen sie nicht trösten. Seien Sie traurig und lassen Sie Ihre Mutter traurig sein. Begegnen Sie sich in Ihrer Trauer. (Nach einer Pause.) Wie fühlen Sie sich jetzt?

F: Es ist ganz berührend, miteinander traurig zu sein. Es ist ganz warm. Ich fühle mich ein bisschen geborgen. Und meine Mutti scheint das auch zu fühlen. Sie guckt ganz milde und gerührt. So habe ich sie noch nie erlebt.

I: Dann sagen Sie ihr doch, dass Sie sich jetzt ganz wohl bei ihr fühlen.

F: So richtig kann ich ihr nicht vertrauen.
(Sie zögert.) Ja, Mutti, im Augenblick fühle ich mich ganz gut mit dir.

I: Wie verhält sie sich?

F: Sie sieht ganz anders aus. Ich bin völlig überrascht.

I: Diese Mutter kennen Sie noch nicht. Fragen Sie doch, ob Sie Ihre innere Mutter ist?

F: Wer bist du? Bist du in mir?

I: Was sagt Sie oder was spüren Sie?

F: Sie nickt ganz deutlich und lächelt. Sie ist in mir.

I: Wie fühlen Sie sich, wenn Sie merken, dass Sie niemand anderem begegnen, sondern etwas eigenem Inneren?

F: Ich kann das nicht verstehen. Ich spüre aber, dass es mich berührt. Ich fühle mich wohl bei dieser Mutter.

I: Sagen Sie es ihr.

F: Mutter in mir, ich fühle mich ganz wohl bei dir. (Nach einer Pause.) Sie lächelt und kommt auf mich zu.

I: Das ist Ihre Mütterlichkeit oder Ihre innere Mutter. Sie können sich jetzt mit ihr vertraut machen und erleben, dass sie anders ist als die äußere Mutter. Wenn Sie möchten, lassen Sie sich von der inneren Mutter in die Arme nehmen und vertrauen Sie sich ihr an.

F: Danach habe ich mich gesehnt. Ich fühle mich zu Hause. (Sie wirkt ganz weich.) Meine innere Mutter sagt mir, dass sie schon lange auf mich gewartet hat. Sie war schon immer da. Sie hat mich geliebt. Und ich habe es nicht gewusst.

I: Sie können Ihre innere Mutter bitten, Ihnen ein deutliches Zeichen zu geben, mit dem sie Sie ruft.

F: Ich spüre, dass mein Herz ganz aufgeregt ist. Vielleicht ist das der Ruf meiner inneren Mutter. Ich kann mir noch gar nicht vorstellen wie es sein wird, mit ihr zu leben. Es wird mein Leben sicher ändern. Ich bin glücklich.

Derartige innere Erfahrungen erlebe ich immer wieder mit. Der Mensch glaubt am Anfang einer solchen inneren Reise, sich mit dem anderen Menschen zu beschäftigen, so wie er es schon oft getan hat. Ich weiß jedoch, dass sich im Augenblick der Wahrnehmung alles in seinem eigenen Geist abspielt. Dort ist auch das Bild der leiblichen Mutter, an dem sich Gefühle und Körperreaktionen entzünden. Unbewusst benutzt der Mensch Bilder von äußeren Erfahrungen, um damit etwas Inneres auszudrücken. Erinnerungen sind ja die eigene innere Gegenwart.

Wird sich jemand dessen zum ersten Mal bewusst, mag es erschrecken. Denn man hatte eine gewisse Sicherheit gefunden, indem man alles Unangenehme dem Menschen zugeschrieben hat, an dem man gelitten hatte: Die Mutter war die Ursache für die eigenen Verletzungen. An ihrem Verhalten hatte man gelitten, und sie war Schuld an vielen eigenen Problemen. Das ist die Perspektive eines Kindes, das das Verhalten des Erwachsenen nicht durchschauen kann und glaubt, dass sich dessen Abwehr und Lieblosigkeit direkt gegen es selbst richtet. Leider behalten viele Menschen diese Vorstellung des Kindes ihr Leben lang bei.

Macht man sich (zum Beispiel in einer inneren Erfahrung) bewusst, dass der Erwachsene seine eigenen Probleme und Grenzen gelebt hat und abweisend und lieblos mit sich selbst umgegangen ist, kann man erkennen, dass man dem Menschen, an dem man gelitten hat, sehr ähnlich ist. Wie in der oben wiedergegebenen inneren Erfahrung führt das sofort zu einer Erlösung. Damit kann man sich endlich zugestehen, dass man alles in sich hat, an dem man bisher gelitten hat und bis heute noch leidet.

Es entsteht eine Erleichterung, in der man ahnt oder spürt, dass man sich jetzt nicht mehr so anstrengen muss, den anderen Menschen zu verändern oder mit ihm ins Reine zu kommen. Man kann vielmehr die bisher unbewusst abgelehnten Eigenschaften in sich selbst kennen lernen, um bewusster und vertrauter mit ihnen zu leben.

Alle diese Schritte finden im eigenen Geist statt: die alte Vorstellung, dass der andere Mensch Ursache des eigenen Leidens ist, die neue Vorstellung, dass man alles in sich selbst hat, und die Hoffnung, dass man sich mit allem Inneren vertrauter machen kann. Wird man sich solcher inneren Vorgänge bewusst, kann man sich entscheiden, wie man denken möchte. Und man darf sich Vorstellungen nehmen, die das Leben leichter machen. Das ist die Freiheit, die jeder Mensch hat, die jedoch die meisten nicht nutzen können, weil sie nicht wissen, dass es möglich ist.

Die schwierige Mutter, die viele Menschen in der Kindheit und Jugend erfahren haben, ist auch ein Bild des eigenen Geistes, wenn wir uns an sie erinnern. Viele Menschen halten an diesem leidvollen Bild fest, weil sie unbewusst glauben, dass man etwas nicht mehr verändern kann, was man in der Vergangenheit erlebt hat.

So wird jede Berührung mit der eigenen Mütterlichkeit und jede Sehnsucht nach der Mütterlichkeit innerlich mit dem Bild der leiblichen Mutter beantwortet. Demgegenüber entstehen sofort die Gefühle, die man vielleicht in der eigenen Kindheit gespürt hat. Da sind dann zum Beispiel Abwehr, Trauer, Hilflosigkeit und Verzweiflung, die seinerzeit »richtig waren«.

Heute jedoch schützt sich der Mensch nicht mehr vor jemand anderem, sondern vor einem Bild seines eigenen Geistes, an dem er unbewusst festhält. Wie alle anderen Vorstellungen und Gedanken kann man auch die Bilder seiner Erinnerungen bewusst verändern, wenn man es möchte.

Das geschieht auf eine sehr interessante Weise, wenn man – wie in der Begleitung oben – »nach innen geht« und dort Erfahrungen macht. Die Frau hat das Bild der Mutter nicht vorsätzlich verändert. Sie hat in diesen Erfahrungen mehr Beziehung und Vertrauen zu ihrem Inneren gewonnen, so dass sich das Bild der Mütterlichkeit verändern konnte. Das nenne ich »Erlösung«. In anderen Begleitungen ermutige ich den Menschen manchmal, sich ein angenehmeres Bild einer Mutter vorzustellen oder sich an eine Frau zu erinnern, die er gern als Mutter gehabt hätte. Diese Vorgänge im Geist des Menschen führen dann auch zu einer anderen Gestalt, die mit dem Thema »Mütterlichkeit« verbunden ist.

Die ideale Mutter entspricht der Sehnsucht fast aller Menschen. Leider suchen die meisten sie in der äußeren Welt und finden sie dort nicht. Denn auch eine liebevolle Mutter wird das Kind immer wieder enttäuschen müssen, da Menschen keine idealen Wesen sind.

Zu den Problemen zwischen Mutter und Kind trägt jedoch ganz wesentlich der Umgang mit der »Mütterlichkeit« in unserer westlichen Welt bei. Die Mütterlichkeit ist die Geisteshaltung des Annehmens und Zulassens, die bei uns weitgehend verloren gegangen ist. Wir schätzen und leben die aktive, männliche Seite, zum Beispiel durch unseren Intellekt, unsere Handlungsfähigkeit, unser Durchsetzungsvermögen und unsere Fähigkeiten, Ziele zu setzen und zu erreichen. Dagegen sind das Nichts-mehr-tun-Können, das Versagen, die Schwäche, das Zulassen und das Sich-Hingeben für viele Menschen bei uns bedrohliche oder unerträgliche Verhaltensweisen unserer weiblichen Seite. Oft schützt man sich davor, indem man in Aktivitäten ausweicht, die durchaus angenehm sein können.

Die Mütterlichkeit wird jedoch auch innerlich vermieden oder gelebt. Wenn jemand sich so lassen kann, wie er ist, dann geht er mütterlich mit sich um. Das fällt jedoch den meisten Menschen bei uns außerordentlich schwer. Sie bewerten ihre Eigenschaften, Gefühle und Verhaltensweisen nach gut und schlecht, richtig und falsch. Sie versuchen die gute und richtige Seite zu leben und die andere Seite zu verdrängen oder zu überwinden. Aus diesen – bei uns selbstverständlichen – Vorstellungen entstehen viele der Probleme im Menschen und in den Beziehungen zu anderen und zur äußeren Welt.

Man lebt seine Mütterlichkeit, wenn man zum Beispiel sagt: »Freude, du gehörst zu mir« und »Trauer, du bist auch ein Teil von mir.« Dann geht man mütterlich mit seinen beiden »Kindern« Freude und Trauer um. In dieser inneren Beziehung erfährt man, dass die beiden im eigenen Inneren keineswegs gegeneinander gerichtet sind, sondern zusammengehören im Universum des eigenen Geistes, im »Nichts und Alles«.

Die innere Mutter oder andere hilfreiche innere Gestalten zu finden, hat fast immer starke Wirkungen auf den Umgang mit sich selbst und mit anderen Menschen. Es ist eine wunderbare Basis für das Leben, aus eigener Erfahrung zu wissen, dass man von innen so angenommen und geliebt wird wie man ist. Die übliche Trennung der inneren Zustände nach gut und schlecht, richtig und falsch wird im Laufe der Zeit überflüssig. Man geht auch mit Angst oder Wut innen offener und lockerer um und wundert sich immer wieder, was man früher für Anstrengungen gemacht hat, solche Gefühle unter Kontrolle zu bringen und zu halten.

In einer solchen inneren Haltung fällt es viel leichter, andere Menschen auch in ihren schwierigen Zuständen ertragen zu können. Man kann jemanden traurig oder hilflos sein lassen und ihm deutlich machen, dass man weiß, dass es ihm schlecht geht. Gerade leidende Menschen brauchen es, so angenommen zu werden wie sie sind. Es schafft eine angenehme Nähe, traurig oder hilflos sein zu dürfen. Das hindert einen jedoch nicht, dem Menschen dann auch zu helfen, so weit es möglich ist.

Hat man mehr Beziehung und mehr Vertrauen zu sich, kann man den schönen Satz der Bibel leben: »Liebe deinen Nächsten wie dich selbst.« Diese »Liebe« ist die Fähigkeit, den anderen so lassen zu können wie er ist, weil man sich so lassen kann wie man selbst ist.

Lebenspartner

Die Beziehungen zu Eltern und Verwandten sind unausweichlich. Man hat sie sich – nach herrschender Meinung – nicht ausgesucht. Aber Freunde und Partner kann man selbst wählen. So sucht man sich mit vielen Erwartungen und Sehnsüchten andere Menschen. Man wünscht sich Gemeinsamkeit, Liebe, Harmonie, Nähe, Vertrauen, Geborgenheit, Angenommensein, sexuelle Erfüllung und vielleicht gemeinsame Kinder. Wünsche nach Versorgung, Unterkunft, Geld oder Arbeitsleistungen durch den anderen sind auch wichtig, werden jedoch mehr im Hintergrund gehalten. Am Anfang einer engen Partnerschaft erlebt man meistens viel von dem, was man erwartet hat. Man ist verliebt und glücklich und genießt die Nähe, das Vertrautwerden, die Berührungen und die Zufriedenheit.

Wenn die starken angenehmen Gefühle des Anfangs ein bisschen abkühlen, werden jedoch auch die anderen Seiten des Partners deutlicher, die man bisher nicht wahrgenommen hat oder von denen man geglaubt hat, dass sie sich in der Beziehung verändern. Immer häufiger erlebt man, dass auch unangenehme Gefühle und Zustände deutlich werden, die den Erwartungen an den Partner nicht entsprechen. Man ist öfter unzufrieden und enttäuscht, was man nicht mag. Solche Gefühle werden jedoch nicht ausgedrückt, weil man vor den Reaktionen des Partners Angst hat. Man setzt ihn – auch ohne Worte – unter Druck, wieder so zu sein, wie man ihn haben möchte. Der Partner spürt das, fühlt sich ebenfalls unwohl und macht es auch nicht deutlich, um den anderen nicht zu enttäuschen.

So stehen sich zwei Menschen gegenüber, die sich ganz ähnlich verhalten. Beide haben Sehnsucht nach einer harmonischen, angenehmen Beziehung. Beide versuchen, alles zu vermeiden, was die Harmonie stören könnte. Sie unterdrücken die unangenehmen Gefühle im eigenen Inneren und in der Beziehung. Und jeder glaubt, der andere sei die Ursache für das eigene Unbehagen. So erwartet jeder vom anderen, dass er sich ändert, um die Beziehung zu verbessern.

Manchmal geht man in dieser Situation frustriert auseinander, ohne sich groß zu streiten: Es war eben der falsche Partner. Häufig brechen die Gefühle jedoch auf. Denn man weiß ja aus Therapien, dass man seine Gefühle herauslassen und die Situation mit dem anderen klären muss. So macht man dem anderen mehr oder weniger kräftig seine eigene Enttäuschung deutlich und fordert ihn auf, dafür zu sorgen, dass die Beziehung wieder in Ordnung kommt. Der andere fühlt sich völlig unverstanden und ungerecht beschuldigt. Er ist genauso enttäuscht und macht es auch deutlich. Beide werden hilflos und sind wütend aufeinander. Niemand mag diese Gefühle und jeder muss mit Angst und noch mehr Hilflosigkeit erleben, dass die Beziehung zu einem immer größer werdenden Problem wird. Die schönen Augenblicke werden dann immer seltener.

Ist einem der andere wirklich wichtig, versucht man, die verfahrene Situation durch Freunde oder Therapeuten zu klären. Dabei kann der Frust sogar noch größer werden, weil der andere uneinsichtig ist und sich trotz aller guten Argumente nicht ändert. Zuletzt geht man zornig und tief verletzt auseinander. War die Beziehung eine Ehe, kämpft man mit Hilfe von Rechtsanwälten vor dem Gericht um Kinder, Vermögen und Einkommen. Man nimmt keinerlei Rücksicht mehr, um dem anderen zu zeigen, wie sehr er einen verletzt hat. Es ist eine furchtbare Zeit.

Nach der Trennung gibt es Erleichterung, in die jedoch immer wieder Erinnerungen an die unerträglichen Vorgänge und die vielen Verletzungen eindringen. Man geht vorsichtig mit einer neuen Beziehung um. Nach einiger Zeit trifft man endlich einen Menschen, dem man das ganze Elend erzählen kann und der einen versteht, weil er schon Ähnliches hinter sich hat. Man kommt sich näher und erkennt, dass er ganz anders ist als derjenige, mit dem man alle die Probleme gehabt hat. Man verliebt sich in ihn, nimmt sich gegenseitig in die Arme, spürt Nähe und Liebe. Eine tiefe Beziehung beginnt. Man weiß, dass sich die Sehnsucht nach Gemeinsamkeit, Vertrauen, Nähe und Geborgenheit erfüllen wird. Bis der Tag kommt, an dem ein bisschen Unzufriedenheit und Enttäuschung hochkommen. Sollte man sich im Partner getäuscht haben?

Ich vermute, dass sich mancher Leser in dieser Schilderung von Beziehungen wiederfindet. Dieser Umgang ist leider bei uns fast üblich. Ich kenne inzwischen eine ganze Reihe von Menschen, die sich nach mehreren oder vielen solcher Frusterlebnisse entschlossen haben, allein zu leben. Sie kommen jedoch auch dann immer wieder zu unangenehmen Gefühlen wie Einsamkeit, Verlassenheit und ebenso Unzufriedenheit, Hilflosigkeit und Enttäuschung.

Manche von ihnen lernen jedoch in Therapien oder auf inneren Wegen einen neuen Umgang mit sich selbst kennen. Denn die Probleme sind nicht zuerst im Verhalten des anderen Menschen begründet, sondern in der Art, wie man mit sich selbst lebt.

Jede Sehnsucht ist ein Ruf von innen. Es ist sehr beglückend zu erleben, dass die angenehmen Gefühle, die man gerade in einer schönen äußeren Beziehung genießt, in einem selbst sind und zu einem gehören. Man kann (innerlich) sagen: »Liebe und Geborgenheit, ich spüre euch in mir. Ihr macht mich glücklich.« Und dann: »Glück, jetzt spüre ich dich auch und freue mich über dich.« Danach: »Freude, du bist auch ein Teil von mir.« Diese Folge angenehmer Gefühle mag etwas übertrieben wirken. Aber diese Gefühle werden oft gemeinsam erlebt, wenn man sich nach innen wendet, denn Glück, Zufriedenheit und Freude sind Antworten der eigenen Seele.

Genauso kann man im Zusammensein mit einem anderen Menschen auch unangenehme Gefühle oder Zustände erfahren. Vielleicht die Enttäuschung, die man spürt, wenn der andere sich nicht so verhält, wie man es von ihm erwartet hat. Auch dabei kann einem bewusst werden, dass man in sich selbst berührt wird und seine eigene Enttäuschung spürt. Natürlich wird man zuerst – wie bisher üblich – versuchen, dieses unangenehme Gefühl zu vermeiden oder zu unterdrücken. Dann kann man jedoch die Enttäuschung und die Abwehr in sich wahrnehmen und (laut oder leise) sagen: «Enttäuschung, ich spüre dich. Ich mag dich nicht.« Danach: »Ablehnung, du bist auch in mir.« Vielleicht wird man dann traurig und sagt: »Trauer, du bist auch dabei.« So kann wieder eine ganze Kette von Gefühlen entstehen, von denen die meisten nicht angenehm sind.

Oft entsteht dabei jedoch eine ziemlich große Erleichterung, die man ansprechen kann: »Erleichterung, ich freue mich über dich.« Jetzt wird die Freiheit spürbar, dass man auch mit seinen eigenen unangenehmen Gefühlen Kontakt aufnehmen kann. Denn der größte und dauerhafteste Stress entsteht, wenn man sich unbewusst immer wieder nach gut und schlecht oder richtig und falsch bewertet. Das Gute und Richtige muss man dann – außen und innen – suchen und das Schlechte und Falsche muss man vermeiden.

Wird man durch eigene Erfahrung damit vertraut, dass man sich auch seinen unangenehmen, »negativen«, schlechten und bedrohlichen Gefühlen und Zuständen innerlich zuwenden und sogar öffnen kann, verändern sich entsprechend die Beziehungen zu anderen Menschen.

Eine enge Partnerschaft zum Beispiel gewinnt eine neue Qualität, wenn man die Beziehung in allen Aspekten nutzt, um sich selbst zu erfahren. Wird man vertrauter mit sich selbst, kann man die angenehmen Zustände genießen. Und man muss die unangenehmen nicht mehr so abwehren, weil man sie als eigene Zustände besser kennt.

Das gemeinsame Leben wird besonders interessant, wenn beide Partner so mit sich selbst umgehen. Dann kann man im Beisein des anderen laut zu sich sprechen und ihn an den eigenen inneren Vorgängen teilhaben lassen, was – auch bei schwierigen Themen – oft zu Heiterkeit und Gelöstheit führt. Es entsteht eine leichtere, geradezu spielerische Atmosphäre, in der jeder vielfältige Erfahrungen mit sich selbst machen kann. Dabei lernt jeder, dass der andere nicht die eigentliche Ursache für die eigenen Gefühle und Zustände ist, sondern dass sie in einem selbst ausgelöst werden. Bei unangenehmen Dingen muss man sich dann nicht immer gleich wieder gegen den anderen wenden und man muss sich auch nicht mehr so anstrengen, ihn zu verändern.

Wie im eigenen Inneren gehören auch in Beziehungen zu anderen Menschen alle Gefühle und innere Zustände dazu. Es führt zu einer »fülligen« Beziehung, wenn man manchmal miteinander traurig, enttäuscht, hilflos und ängstlich sein kann. Das sollte man sich manchmal regelrecht gönnen.

Lebt man so in einer befriedigenden und manchmal beglückenden Beziehung mit einem geliebten Menschen, dann kann man auch nach innen fragen: »Geliebter Mensch, bist du auch in mir?« Vielleicht begegnet man so seinem inneren Mann oder seiner inneren Frau. Das ist der Partner, nach dem man immer Sehnsucht hatte, was sich jetzt erfüllen kann. Der innere Mann oder die innere Frau ist ein Teil von einem selbst, dessen Liebe und Vertrauen man schon öfter (unbewusst) gespürt hat. Die Sehnsucht nach diesem idealen Partner führt die meisten Menschen in eine äußere Beziehung, die häufig leider nicht so ideal ist. Wird man sich des inneren Partners bewusst, kann man ihn kennen lernen, mit ihm sprechen, ihm zuhören und erfahren, dass er schon immer da war und immer da sein wird.

Damit nimmt man dem äußeren geliebten Menschen natürlich nichts weg. Man kann angenehme Erlebnisse mit ihm genießen und viele der Probleme mit ihm gut ertragen. Beide Seiten kann man nehmen, um sich selbst zu erfahren. Dadurch wird man vom Verhalten des anderen Menschen ein bisschen unabhängiger. In einer solchen menschlichen Beziehung entsteht eine schöne Offenheit nach innen und außen und man erlebt viele angenehme und unangenehme Berührungen. Es ist die Fülle des Lebens.

Single

Die vielen ungeklärten Probleme in Partnerschaftsbeziehungen und der unbewusste Umgang mit ihnen hat bei uns zu einer großen Anzahl von männlichen und weiblichen Alleinlebenden geführt, die als »Singles« bezeichnet werden. Sie sind nach ihren leidvollen Erfahrungen von Beziehungen tief enttäuscht. Sie haben die Sehnsucht, sich nicht mehr mit den Problemen anderer Menschen beschäftigen zu müssen. Sie wollen endlich Ruhe haben.

Viele Singles sind jedoch auch allein nicht zufrieden. Sie leiden an Einsamkeit, Verlassenheit, manchmal auch Verbitterung. Sie treffen sich mit Gleichgesinnten, gehen flüchtige und unverbindliche Beziehungen mit denen ein, die selbst frustriert sind, und bestätigen sich gegenseitig, dass es keine befriedigenden Beziehungen mehr gibt.

In diesem Verhalten wird die große Abhängigkeit von anderen Menschen deutlich. In den bisherigen Beziehungen hatte man viele Erwartungen an den jeweiligen Partner, die er nicht erfüllt hat. Da man den anderen als Ursache für die Schwierigkeiten angesehen hat, setzte man sich mit ihm auseinander. Dabei fühlte man sich unwohl mit Hilflosigkeit, Trauer, Wut oder Enttäuschung, die man unter Kontrolle halten musste.

Wird man sich bewusst, was man alles in sich nicht ertragen konnte und was man in sich bekämpft und unterdrückt hat, dann wird deutlich, dass es in erster Linie keine äußere Beziehungskrise war, sondern eine innere. Der Mangel an Vertrauen zu sich selbst, die Unfähigkeit, mit sich in einen bewussten Kontakt zu kommen, und die Angst vor dem eigenen Inneren ist die schwerste Beziehungskrise, die ein Mensch haben kann. Im Vergleich dazu sind die äußeren Krisen längst nicht so bedeutsam. Durch sie wird man jedoch unübersehbar auf die eigenen Probleme aufmerksam gemacht, wenn man es zulassen kann. Das ist bei uns leider ziemlich selten.

Ich erlebe aber immer wieder Menschen, die nach großen Schwierigkeiten in ihren Partnerschaften in inneren Erfahrungen begreifen, dass es um sie selbst geht. Das ist am Anfang ein schmerzlicher Prozess. Hat man jedoch den Mut, sich seinen inneren Beziehungsproblemen zuzuwenden, entsteht große Erleichterung. Man wird sich bewusst, dass man jetzt nicht mehr versuchen muss, einen anderen Menschen zu ändern, um darauf zu warten, dass er offener oder liebevoller mit einem umgeht. Man erfährt nämlich in sich, dass man sich auch seiner eigenen schwierigen Seite zuwenden kann und dass es dabei keine Katastrophen, sondern angenehme Überraschungen gibt.

Viele sind einem problematischen Partner nachträglich geradezu dankbar, dass er sie so »zu sich selbst« gebracht hat. Danach könnten sie sogar ganz gut mit ihm leben, wenn sie es möchten. Sie können sich aber auch – trotz der Dankbarkeit – von ihm zurückziehen, um nicht immer wieder dieselben Verhaltensweisen des unbewussten Menschen mitspielen zu müssen.

Fremde

In den vergangenen Jahren scheint der Umgang mit Fremden bei uns schwieriger geworden zu sein. Es gibt mehr Abneigungen und Feindlichkeiten gegen Ausländer. Etliche Menschen glauben, dass Ausländer ihnen Arbeitsplätze und Wohnungen wegnehmen und dass eine Welle von »Wirtschaftsflüchtlingen« aus den ehemals kommunistischen Ländern oder aus der »Dritten Welt« unsere Sicherheit und unseren Wohlstand zerstören könnten. Rechtsradikale treten mit aggressiven Parolen gegen Ausländer und Asylanten auf. Über Gewalttaten gegen Ausländer wird berichtet. Politiker und Kirchen mahnen zur Besonnenheit und zu menschlicherem Umgang mit Ausländern und Asylsuchenden in Deutschland.

Diese äußeren Vorgänge schildere ich hier vor allem, um zu zeigen, wie man mit derartigen Themen innere Erfahrungen machen kann. Gerade wenn die äußeren Dinge unangenehm oder bedrohlich sind, kommt man zu eigenen inneren Zuständen oder Vorgängen, mit denen man bei uns meistens nicht vertraut ist.

So sind Fremdheit und Entfremdung nach meinen Erfahrungen umfangreiche innere Themen der meisten westlichen Menschen. Nach unseren Vorstellungen ist ja nur ein kleiner Teil des Menschen so »real«, dass man mit ihm vertraut lebt. Viele Gefühle, geistige Vorgänge und selbst Körperreaktionen bleiben fremd und unvertraut. Das kann zu Schutz und Abwehr führen, aber auch zu Sehnsucht und Neugier.

Diese beiden Reaktionen findet man auch im Umgang mit fremden Menschen. Es gibt neugierige Menschen, die in andere Länder reisen, sich mit deren Geschichte und Kultur beschäftigen, sogar deren Sprachen lernen und offen und freundlich mit Ausländern und Fremden umgehen.

Anderen Menschen sind Ausländer und Fremde jedoch unheimlich und bedrohlich. Sie reisen vielleicht auch in andere Länder, suchen dort jedoch eine vertraute Umgebung durch Beziehungen zu Touristen aus dem eigenen Land. Sie nehmen kaum Kontakte zu den Einheimischen auf und haben manchmal erhebliche Vorurteile gegen deren Lebensgewohnheiten.

Und dann gibt es Menschen, die Gewalt gegen Ausländer zulassen, fördern oder sogar ausüben. Die Fremden sind ihnen Feinde.

Es ist sehr interessant, sich seiner eigenen Einstellung gegenüber Ausländern und Fremden bewusst zu werden. Man kann sich aber auch vom Verhalten anderer Menschen gegenüber Fremden berühren lassen. Dabei erlebt man den Umgang mit der eigenen inneren Fremdheit. Wie immer empfehle ich, sich ihr direkt zuzuwenden, ob sie nun deutlich ist oder nicht. Man kann sagen: »Fremdheit, ich vermute, dass du auch ein Teil von mir bist.« Manche Menschen sind erschüttert, wenn sie sich zum ersten Mal bewusst werden, wie fremd sie sich selbst sind. Sie spüren Trauer und Angst, die ihnen auch fremd erscheinen.

Im Laufe solcher inneren Erfahrungen kann man vieles erleben, was einem bisher unbekannt und unvertraut war: den Körper mit vielen seiner Teile und Funktionen, viele Gefühle und geistige Vorgänge wie Bilder, Vorstellungen, Fantasien oder Erinnerungen und bei uns weitgehend unbekannte Bewusstseinszustände. Einige dieser fremden Vorgänge und Zustände hatten bisher unbewusst Angst und Abwehr ausgelöst, wie zum Beispiel Wut, Hilflosigkeit und Leiden. Andere führten zur Sehnsucht, sie zu erleben, wie zum Beispiel Vertrauen, Liebe und Geborgenheit, von denen viele Menschen nicht wissen, dass sie immer in ihnen sind.

Ein bewusster innerer Umgang mit der Fremdheit ist ein intensiver Weg nach innen. Man kann sich allem zuwenden, mit allem Kontakt aufnehmen und sich auch Bedrohlichem oder Zerstörerischem öffnen und anvertrauen. Manches wird zuerst ziemlich unangenehm sein. Jeder kann jedoch erfahren, dass er von innen weder geschädigt noch zerstört wird.

Nach solchen inneren Erlebnissen kann man wesentlich vertrauter und offener mit sich und mit anderen leben. Ein fremder Mensch berührt einen immer noch in der eigenen Fremdheit. Sie ist jedoch vertrauter geworden. Und da man sie als Helfer auf dem Wege nach innen kennen gelernt hat, kann man auch einem Fremden neugieriger, interessierter und offener begegnen.

Wenn man jedoch in seinem Leben wenig Vertrauen zu sich selbst gewinnt, hat man oft Angst vor dem Fremden in sich. Dann schützt man sich meistens auch vor dem Fremden in der äußeren Welt. Das geht von Gleichgültigkeit und Abneigung bis hin zu Hass und Gewalt gegenüber fremden Menschen. Leider kann man weder durch vernünftige Argumente noch durch Appelle viel gegen solche Verhaltensweisen ausrichten. Denn die Abwehr richtet sich ja gar nicht zuerst gegen fremde Menschen. Der (aggressive) Schutz findet in den inneren Ebenen statt, die uns nicht zugänglich erscheinen und um die man sich wenig oder gar nicht kümmert. So bleibt der Gesellschaft fast nur noch die Möglichkeit, solche äußeren Verhaltensweisen durch Gesetz zu verbieten und Täter zu bestrafen.

Feinde

Feindschaften und die daraus entstehenden Gewalttaten ziehen sich durch die lange Geschichte der Menschheit. Es gab und gibt immer wieder gewaltsame Auseinandersetzungen zwischen Familien, Stämmen, Städten, Rassen, Religionen, Völkerteilen und ganzen Völkern. Es ging und geht um die Eroberung oder Verteidigung von Ländern, Orten, von politischer Herrschaft und Macht, von Bodenschätzen und wirtschaftlichen Vorteilen, oder auch um den Schutz oder die Verbreitung von religiösen Traditionen.

Ein großer Teil der Geschichtsschreibung berichtet von kriegerischen Auseinandersetzungen mit zum Teil verheerenden Folgen. Ganze Völker wurden versklavt oder ausgerottet. Das ist sicher das leidvollste Thema auf der Erde. Da Feindschaft und Gewalt so viel Leid verursachen, berühren sie jeden Menschen, auch wenn viele nicht direkt davon betroffen sind.

Es hat aber auch immer wieder Versuche gegeben, Feindschaft und Gewalt zu vermeiden und zu überwinden. Viele Menschen haben große Hoffnungen auf die Entwicklung der westlichen

Zivilisation gesetzt. Man glaubte, durch die »Aufklärung« die Irrationalität, den Aberglauben und die Inhumanität überwinden zu können. Man schuf das Ideal eines zivilisierten Menschen, der weder hasst noch Gewalt anwendet, sondern selbstvertraut und selbstbewusst mit sich und anderen in Frieden lebt. Man hoffte, »Rückfälle« in schädliche Verhaltensweisen durch Gesetze unter Kontrolle zu bringen.

Wir alle müssen jedoch erleben, dass es immer noch viel Feindschaft und viele gewaltsame Konflikte auf der Erde gibt. Und wenn wir uns gerade ein bisschen damit beruhigen, dass es ziemlich »unzivilisierte« Menschen sind, die so miteinander umgehen, sollten wir uns an Deutschland von 1933 bis 1945 erinnern. Von dieser hochzivilisierten »Kulturnation« sind die verlustreichsten Kriege und größten Gräuel der Menschheit ausgegangen.

Bis heute versucht man immer noch zu verstehen, warum das geschehen konnte. Und bis heute gibt es die Unsicherheit, ob etwas Derartiges noch einmal geschehen könnte.

Sehr viele Deutsche sind Hitler gefolgt und haben seine Vorstellungen von den Feinden des Deutschen Reiches willig übernommen. Die Feinde waren »niedere Rassen«, wie zum Beispiel die fülligen, gefühlvollen »östlichen Untermenschen«, und vor allem die Juden, der »Weltfeind Nummer 1“, der in einer »Weltverschwörung« die Deutschen angeblich wirtschaftlich und kulturell ausbeutete. Dem stand die »arische Rasse« mit ihren schlanken, großen, niemals schwachen und wankelmütigen »Herrenmenschen« gegenüber, die »hart wie Kruppstahl, zäh wie Leder, schnell wie Windhunde« waren.

In dieser Ideologie werden die bei uns üblichen Bewertungen menschlicher Eigenschaften in ihrer krassesten Form wiedergegeben: Auf der einen Seite steht das wahnhafte Hervorheben von Aktivität, Kraft, Durchsetzungsvermögen sowie von Kontrolle und Ordnung, vor allem aber vom Kampf für das Gute, Wertvolle und Richtige gegen das Falsche, Schlechte und Böse. Auf der anderen Seite gibt es die ebenso wahnhafte Ablehnung von Weichheit, Angst, Schwäche, Hilflosigkeit, Angst, Machtlosigkeit, Fremdheit, Trauer, Unterlegenheit, Krankheit, Lebensuntüchtigkeit, Verletzlichkeit und auch Religiosität.

Aus vielen inneren Erfahrungen weiß ich, wie jemand im Inneren aussieht, der bereit ist und dem es sogar ein Bedürfnis ist, gegen Feinde zu kämpfen: Er ist ein ganz »normaler«, unbewusster und mit sich ziemlich unvertrauter Mensch. Er lebt mit den bei uns selbstverständlichen Vorstellungen und Bewertungen von inneren Zuständen und Vorgängen. Angenehmes ist »positiv, gut, richtig, sinnvoll oder heilig«, Unangenehmes meistens »negativ, schlecht, falsch, sinnlos oder böse«. Der Mensch versucht Positives zu erreichen und festzuhalten, Negatives zu vermeiden oder zu überwinden. Er glaubt, negative Gefühle sowie Leiden bekämpfen zu müssen, weil sie nicht wirklich zu ihm gehören. Besonders Hass und Gewalt sind unmoralisch und sinnlos und müssen mit aller Kraft außen und innen beseitigt werden. Darum bemüht er sich und bekommt Angst, wenn er spürt, dass er trotzdem aggressive oder zerstörerische Gedanken hat.

Dieser Mensch lebt mit der Sehnsucht nach einem angenehmen Leben mit Glück und Zufriedenheit. Er erfährt jedoch, dass sich diese Sehnsucht nicht so erfüllt, wie er es sich wünscht. Er macht leidvolle Erfahrungen in der Kindheit mit schwierigen Eltern, die ihn nicht verstehen und ihn nicht so annehmen können, wie er ist. Er bemüht sich, zu lernen und einen befriedigenden Beruf auszuüben. Er sucht sich einen Lebenspartner, um mit ihm glücklicher und zufriedener zu werden. Aber überall gibt es Probleme und Auseinandersetzungen.

Er glaubt, dass er sich nur intensiv bemühen muss, alles richtig zu machen und das Negative zu vermeiden, um zufriedener zu werden. Trotz aller Anstrengungen kommen jedoch immer wieder Enttäuschung, Unzufriedenheit, Unruhe, Angst, Hilflosigkeit, Wut und Aggression auf, gegen die er sich wendet, die er bekämpft, um sie endlich loszuwerden. Die schönen Augenblicke des Lebens werden weniger. Wie lange hat er schon nicht mehr gelacht.

So kämpft er für das Gute, nach dem er Sehnsucht hat, und gegen das Böse, das ihn zunehmend bedroht. Er zerfällt innerlich in zwei gegensätzliche Teile, von denen der eine zunehmend feindlich wirkt. Damit ist er mitten in seinem eigenen inneren »Ost-West-Konflikt«, »Arm-Reich-Konflikt« oder »Moslem-Christen-Konflikt« oder wie sie sonst noch heißen.

Er führt den inneren Krieg aus der Distanz. Er sieht seinen inneren Feinden nicht ins Auge, denn er ist überhaupt nicht in bewusstem Kontakt mit dem, was er zu besiegen versucht. In diesem Kampf benutzt er nicht nur seine eigenen inneren Energien, sondern auch moderne, schwere Waffen. Er wendet chemische Mittel an, um die bedrohlichen inneren Vorgänge in Schach zu halten oder sie nicht mehr zu spüren. Dafür gibt es Medikamente gegen Unruhe, Angst, Depression, Schmerzen oder unerträgliche innere Wahrnehmungen. Und manche Therapeuten sind selbst große Kämpfer und unterstützen den Patienten in seiner heroischen Schlacht gegen das Leiden und das Bedrohliche.

Dabei lebt der Betroffene – wie ein Soldat im Krieg – mit der ständigen Unsicherheit und Angst, dass der Feind aus der Dunkelheit und Weite des Unbewussten wieder auftauchen und ihn treffen, unfähig machen oder sogar töten könnte. So baut er sich immer besser geschützte innere Stellungen aus und rüstet auf, um den furchtbaren Feind endgültig zu erledigen. Koste es, was es wolle.

Ich kenne einige Menschen, in denen dieser innere Krieg allumfassend geworden ist. Sie zerrütten sich im gnadenlosen Kampf gegen Angst, Trauer, Depression, Schwäche und Hilflosigkeit, Wut und Hass, viele bedrohliche Träume und Visionen sowie körperliches Leiden aller Art. Ihnen bleibt fast keine Energie mehr zum Leben übrig, was die unangenehmen Gefühle und Zustände immer übermächtiger erscheinen lässt. Da sie sich ihres inneren Krieges nicht bewusst sind, können sie ihn nicht beenden.

Zuletzt versuchen sie den Frieden, nach dem sie ständig Sehnsucht haben, im Tod zu finden. So gilt das letzte Gefecht dem eigenen Körper, der durch Stress, schädliche Lebensgewohnheiten, Nebenwirkungen von Medikamenten und vielleicht Suizidversuche zugrunde gerichtet wird.

Selbst wenn jemand nicht so intensiv kämpft, wird seine Situation im Laufe der Zeit unangenehmer. Die inneren Feinde werden keineswegs weniger, sondern wirken immer bedrohlicher und zerstörerischer. Die unbewusste innere Gewalt führt zu noch mehr Trauer, Angst, Schmerz und Hilflosigkeit, die dann mit verstärktem Einsatz niedergerungen werden müssen.

Ein innerlich entfremdeter Mensch erkennt meistens nicht, dass die Feinde, die er bekämpft, in ihm selbst sind. Er sieht die Ursachen für seine Probleme fast nur außen. Dort gibt es viele unerträgliche und bedrohliche Zustände und Vorgänge, die ihm Angst machen, ihn lähmen, ihn hilflos machen, ihm seine Kräfte rauben: das Unverständnis des Partners und die Auseinandersetzungen mit ihm, die Überlastung im Beruf, die Ungerechtigkeit des Chefs, die Angst um den Arbeitsplatz, die Wohnungssituation, die täglichen Nachrichten über Kriege in der Welt, die Kriminalität in nächster Nähe, die Angst vor Überfall oder Einbruch. Und auch die große Unzufriedenheit und die Frage nach dem Sinn dieses Lebens. Einem Menschen, der in einem solchen Zustand zu mir kommt, empfehle ich in einer inneren Begleitung, sich seiner inneren Feinde und seiner Gewalt überhaupt erst einmal bewusst zu werden. Das ist oft mit Angst und Schuldgefühlen verbunden, weil er ahnt, dass ein wesentlicher Teil seines eigenen Leidens aus dem Kampf gegen sich selbst entstanden ist.

Die innere Beziehung kann mit dem einfachen Satz beginnen: »Angst, ich spüre dich.« Dann kann sich der Mensch auch der Trauer und den Schuldgefühlen zuwenden, wobei er mit Erstaunen und Erleichterung erlebt, dass sie nicht über ihn herfallen und ihn auch nicht zerstören. Wird er ruhiger, bitte ich ihn zu sagen: »Ruhe, ich freue mich über dich. Ich hatte Sehnsucht nach dir.« Ich sage: »Spüre, dass die Ruhe zu dir gekommen ist, nachdem du zu deinen unangenehmen und bedrohlichen Gefühlen gesprochen hast. Vielleicht ist die Ruhe die Antwort dieser Gefühle, die sich freuen, dass sie endlich wahr genommen werden.« Danach kann der Mensch auch seine Erleichterung und seine Freude ansprechen. Ihm wird bewusst, dass die angenehme Seite keineswegs verloren gegangen ist, wie er im bisherigen Kampf gegen seine unangenehme Seite geglaubt hat.

Danach fühlt sich seine Angst immer noch nicht besonders angenehm an, sie wirkt jedoch auch nicht mehr übermächtig oder zerstörerisch, weil der Betroffene seinen Widerstand gegen sie vermindert hat. Nach einigen weiteren Erfahrungen weiß er, dass die Angst ein Teil von ihm ist und durchaus erträglich sein kann, wenn er bewusster und vertrauter mit ihr lebt.

Es mag unwahrscheinlich klingen, aber eine solche einfache Hinwendung zu einem inneren Feind, der Angst, Wut, Hilflosigkeit oder Depression heißen mag, führt zu angenehmen inneren Beziehungen, zu Vertrauen und zum Frieden. Man erlöst sich von vielen Zwanghaftigkeiten, die einem selbst und anderen Menschen das Leben schwer gemacht haben.

Gewinnt jemand im Laufe seines Lebens jedoch kein Vertrauen zu seinem Inneren, wendet er sich vielleicht anderen Menschen zu, die ihm die Erlösung (in der physischen Welt) versprechen. Im harmlosen Fall sind das Therapeuten oder Produzenten von Gütern, die ihm Wohlbehagen verschaffen. Im schlimmsten Fall sind es politisch Radikale oder religiöse Fanatiker, die versprechen, im großen Befreiungsschlag (im Weltkrieg oder im Heiligen Krieg) alles zu beseitigen, was falsch oder bedrohlich ist.

Verheißungen in Politik und Religion

Da es bei uns fast selbstverständlich ist, dass die eigenen angenehmen und unangenehmen Zustände von außen verursacht werden, sucht man in der ganzen Gesellschaft nach Lebensbedingungen, in denen man sich wohler und zufriedener fühlt. Wesentliche Themen der Politik und Religion sind Verheißungen eines besseren Lebens. Oft werden Ideale definiert, die es auf der Erde zu erreichen gilt, damit die Menschen besser, glücklicher und zufriedener leben können. Natürlich muss man dabei alles vermeiden oder bekämpfen, was einen hindert, das Ziel zu erreichen.

Das Angenehme und das Unangenehme werden häufig personalisiert. Gleichgesinnte sind gute Freunde. Menschen mit anderen Vorstellungen sind Gegner oder gar Feinde, die man überzeugen oder überwinden muss. So lehnt ein »fortschrittlicher Politiker« die Vorstellungen eines »Konservativen« ab und ihn persönlich vielleicht auch.

Eine solche Gleichsetzung von Idealen mit den Menschen, die dafür und dagegen sind, gibt es wohl schon immer. Sie ist unproblematisch, wenn man zum Beispiel in einer Demokratie die »Spielregeln« für einen gewaltfreien Umgang mit politischen

Gegnern einhält. Sie wird jedoch sehr bedenklich, wenn man Andersdenkende zu Feinden erklärt, die man erst vertreiben oder beseitigen muss, um die eigenen Vorstellungen verwirklichen zu können.

Verheißungen von Glück und Zufriedenheit berühren den Menschen ganz intensiv in seinen eigenen Sehnsüchten. In unserer westeuropäischen Kultur gilt es fast als selbstverständlich, dass die Erlösung von außen kommt. So versucht man, sich eine Umgebung zu schaffen, in der man die ersehnten Zustände finden kann.

Wird jemand zum Beispiel von unvertrauten Gefühlen und Energien bedrängt, die er nicht ertragen kann und unter Kontrolle zu halten versucht, so hat er die Tendenz, auch außen Strukturen zu suchen, in denen er Sicherheit finden kann. Er lehnt Chaos und Unruhe ab und sucht Ordnung und Kontrolle. Das findet er in konservativer (rechter) Politik, in der die Einordnung jedes Menschen in die Familie, in die Gesellschaft (und oft auch in das Reich Gottes) im Mittelpunkt steht. Man versucht eine entsprechende Gesellschaftsordnung zu schaffen und zu erhalten.

Leidet jemand jedoch an inneren Begrenzungen, an Enge und Unfreiheit, sucht er die Weite und Freiheit. Er kämpft innen gegen Blockaden und Kontrolle, ohne sie jedoch überwinden zu können. Er fühlt sich dann eher wohl in einer sozialistischen oder sozialdemokratischen (linken) Politik, in der (soziale) Gleichheit und Freiheit für alle Menschen propagiert wird, wobei man sich gegen gesellschaftlichen Strukturen oder Hierarchien wendet, welche die Freiheit des Einzelnen einschränken.

Das sind ganz normale Vorgänge in einer demokratischen Gesellschaft, in der eine Vielfalt von politischen Programmen miteinander konkurrieren. Dieselben inneren Vorgänge werden jedoch auch dann wirksam, wenn politische oder religiöse Radikale und Fanatiker solche Bedürfnisse der Menschen kanalisieren.

Rechtsradikale versuchen, die erstrebte Sicherheit und Ordnung zu schaffen, indem sie sich aggressiv und oft gewalttätig gegen alles wenden, was ihre Ordnung stören oder verhindern könnte. Darin wird sichtbar, wie intensiv und gewalttätig sie sich bemühen, das »Negative« in sich bekämpfen. Das sind zum Beispiel Angst, Trauer, Hilflosigkeit, Wut, Dunkelheit, Fremdheit, Schwäche, Verletzlichkeit, sogar Weiblichkeit, die sie alle unter Kontrolle zu halten versuchen, um sie zu überwinden.

Da die Radikalen nicht wissen, dass es um eigene innere Vorgänge geht, verfolgen oder bekämpfen sie die Menschen, die Symbole für die abgewehrten inneren Eigenschaften sind, wie zum Beispiel Dunkelhäutige, Fremdländische, Fremdsprachige oder Andersgläubige, aber auch Schwache, Kranke und Behinderte. Frauen werden oft nicht als gleichberechtigt behandelt. Fast immer uniformieren sich diese Radikalen und treten kriegerisch auf, um den Eindruck von Macht, Stärke, Mut und Entschlossenheit zu demonstrieren. Bei ihnen darf es keine Angst und Schwäche geben.

Linksradikale glauben dagegen, jede Art von Macht, Autorität, Einordnung und Abhängigkeit mit Gewalt beseitigen zu müssen, um allen Menschen die Freiheit zu bringen. Die Ursachen für die Unfreiheit sehen sie ausschließlich in gesellschaftlichen und politischen Strukturen und im privaten Eigentum. Ihre Feinde sind Menschen, die in solchen Strukturen Macht ausüben. Sie werden oft als »Klassenfeinde« bezeichnet und mit vielen scheußlichen und bedrohlichen Eigenschaften ausgestattet.

Auch diese Haltung entspricht den Sehnsüchten vieler Menschen nach Freiheit. Viele empfinden in ihrem irdischen Leben immer wieder Grenzen, Enge und Schwere und leiden unter der Macht anderer, von denen sie abhängig sind. Das sind natürlich auch wieder Themen der eigenen inneren Welt, wenn man unbewusst das Positive suchen und das Negative unterdrücken muss. Damit schafft man in sich viele Grenzen, die Enge erzeugen und einem das Leben schwer machen. Wenn man solche Zustände trotz aller Anstrengung außen und innen nicht überwinden kann, wird man vielleicht linksradikal.

Für mich ist die eigentliche Freiheit des Menschen, Vertrauen zu sich und seinem Leben zu haben, was man durch religiöse oder innere Erfahrungen gewinnen und vertiefen kann. Politisch links orientierten Menschen fällt das schwer, weil viele von ihnen die Existenz einer Seele als religiösen Unsinn abtun und Kirche und Religion vor allem als Machtinstrumente ansehen. Daher konzentrieren sie sich vollständig auf die Veränderung der äußeren Welt, um dort ihre Ideale zu verwirklichen und alle Menschen frei zu machen.

Auch religiöse Fanatiker, die manchmal als Fundamentalisten bezeichnet werden, versuchen die meisten Probleme auf der Erde aus einem Punkt und oft mit Gewalt zu lösen. Sie sind der festen Überzeugung, dass es nur einen Weg zum Heil gibt, nämlich den, den sie gehen. Der enthält viele von Gott selbst gegebene Regeln und moralische Vorschriften, die man wortgetreu einhalten muss, um nicht der Verdammnis anheimzufallen. Sie leben in ständiger innerer Kontrolle, überprüfen ununterbrochen, ob sie alles richtig machen. Sie müssen jedoch immer wieder feststellen, dass sie den hohen Idealen ihrer Religion nicht vollständig gerecht werden können. Gleichzeitig verbreiten sie ihre Religion, indem sie missionieren, Feinde oder Abtrünnige verfolgen oder gar töten. Sie gehen davon aus, dass solche Handlungen zu ihrem eigenen Seelenheil beitragen.

Auch dabei werden wieder Sehnsüchte deutlich. Der Mensch strebt nach dem Heil, nach der Vollkommenheit oder nach Gott. Obwohl in allen mystischen Religionen bekannt ist, dass man das Gesuchte in dem Reich findet, »das nicht von dieser Welt ist«, versuchen die Radikalen oft mit Gewalt, nur die äußere Welt und die anderen Menschen zu verändern.

Damit wird sichtbar, dass ein religiöser Missionar oder Fanatiker zu seinem eigenen Weg keineswegs so viel Vertrauen hat, wie er glauben machen will. Die Gewalt, die er draußen anwendet, entspricht der Gewalt, mit der er versucht, alles in sich zu unterdrücken und zu bekämpfen, was nicht seinem idealen Bild vom Menschen und von Gott entspricht. Als »nicht gottgefällig« gelten häufig Zweifel, Angst, Wut, Hass und viele andere »negative« menschliche Gefühle.

Solche Fundamentalisten glauben, nur durch eigene Anstrengungen und durch die Missionierung anderer zu den erstrebenswerten Zielen gelangen zu können. Sie gehen immer davon aus, dass der bestehende Zustand noch nicht der richtige ist. Viele werden sich nie bewusst, dass diese tiefe Trennung vor allem in ihnen ist. Dort gibt es das gesuchte Gute und das verdammte Böse.

Dort findet der gnadenlose Kampf statt, der sie zu Fanatikern macht. Oft begründen sie ihre Gewalt durch religiöse Begriffe. Sie werden legitimiert durch die »Vorsehung« oder durch den »Auftrag Gottes«. Sie führen einen »heiligen Krieg« und vernichten »Feinde des wahren Glaubens«.

Ein religiöser Fanatiker versucht somit – wie jeder andere unbewusste Mensch – außen alles zu beseitigen, was ihn innerlich stört. Das sind die Menschen, die ihn in seinen unterdrückten Gefühlen berühren. Wer dem Fanatiker nicht folgt, berührt ihn in seinem Zweifel und seiner Ablehnung. Um solche Gefühle innerlich zu vermeiden, missioniert der Fanatiker den andern, vertreibt ihn oder bringt ihn um.

Viele Menschen glauben, dass ein Radikaler oder ein Fanatiker, der sogar Gewalt anwendet, ein starker Mensch voller Selbstvertrauen ist. Das ist jedoch ein Irrtum. Er hat innerlich sehr große Probleme mit sich. Er wird außen radikal, weil er in seinem Inneren wenig Vertrauen und keine Ruhe findet.

Diktatoren

Münzt jemand derartige große innere Probleme in politische Aktivitäten um und sammelt er ähnlich veranlagte Menschen um sich, kann er zum Diktator werden. Er verleiht seinen Anhängern Macht, um durch sie noch größere Macht zu erlangen. Wenn er nicht vorher im Wahn untergeht, in der Psychiatrie oder im Gefängnis endet oder sich selbst tötet, kann er für die menschliche Gemeinschaft sehr gefährlich werden.

In der nahen Vergangenheit hat sich gezeigt, dass es kaum Unterschiede zwischen rechten, linken oder religiösen Diktatoren gibt, abgesehen von den Worten, die sie verwenden, und von den Feinden, die sie definieren. Kommen Radikale an die Macht, unterscheiden sich die Methoden ihrer Gewaltherrschaft nicht mehr. Sie versuchen, ihre eigene Macht mit allen Mitteln zu erhalten und zu vergrößern. Sie scheuen sich nicht, ohne Skrupel alle unter Kontrolle zu bringen oder zu beseitigen, die daran zweifeln oder rütteln.

Ein Diktator baut immer einen großen Schutz um sich auf, da er sich von innen stark bedroht fühlt und dementsprechend außen überall Gefahren spürt. Er wird Oberbefehlshaber, kleidet sich fast nur noch in Uniform mit vielen Ehrenzeichen und verachtet schwache Zivilisten. Er umgibt sich mit ähnlichen Menschen, die ihn verehren und schützen, da sie durch ihn Macht gewinnen. Wird jemand in der Umgebung des Diktators zu stark oder wendet er sich ab, wird er entmachtet und meistens getötet, da er eine Bedrohung darstellt. Ein Diktator lebt in einem gewaltigen inneren Abwehrkampf gegen das Böse und Schlechte, Weiche und Schwache. Er ist daher überzeugt, das Gute und Richtige in seinem Land zum Sieg führen zu müssen. Diesen Wahn vermittelt er kraftvoll den Anhängern und einem großen Teil der Bevölkerung, die ihn als »Führer«, manchmal als »Erlöser« verehren.

Ein Diktator verkündet nur noch das, was dem jeweiligen Ideal entspricht: beim rechten Diktator ist es die Ordnung, in der nur noch das Gute und Starke herrscht, beim linken Diktator ist es die Freiheit und die Herrschaft des Volkes und beim religiösen Diktator ist es die Herrschaft Gottes.

Die ganze Gesellschaft wird durch alle möglichen Organisationen unter Kontrolle gehalten. Die meisten Diktatoren erfreuen sich und große Teile des Volkes durch Aufmärsche von vielen tausend uniformierten und bewaffneten Anhängern, die alle im Gleichschritt marschieren und die ersehnte Ordnung deutlich machen.

Dabei hat ein rechtsradikaler Diktator meistens viel weniger Probleme mit seiner Bevölkerung als ein linksradikaler. Die Ideale der Rechten sind Ordnung, Sauberkeit, Kraft, Mut und Sicherheit durch Einordnung und Kontrolle. Dem können die vielen Menschen zustimmen, die selbst ständig bemüht sind, in sich vieles unter Kontrolle zu halten, das Negative zu bekämpfen, innere Sicherheit zu suchen und innere Bedrohungen zu vermeiden. Sie leisten gegen ein solches Regime keinen Widerstand, sondern dulden oder fördern es. Viele sind selbst bereit, Feinde aufzuspüren, zu verfolgen, zu quälen und zu töten. Daher können sich solche Diktaturen zum Beispiel in Südamerika so lange halten, ohne die Bevölkerung einsperren zu müssen.

Ein linksradikaler Diktator muss dagegen einen großen Teil seiner Anhänger enttäuschen. Statt der versprochenen Freiheit und Gleichheit erleben sie Kontrolle und Unterdrückung. Die wirklich freiheitsliebenden Menschen eines solchen Staates versuchen zu entkommen, weswegen linksradikale Diktaturen fast immer die Landesgrenzen schließen müssen, damit die Bevölkerung nicht massenhaft abwandert.

Ein Diktator berührt und begeistert Menschen dadurch, dass er Probleme nennt und Lösungen verheißt. Er vermittelt, dass die Bevölkerung an Problemen leidet, die von bösartigen Feinden wie anderen Staaten, Religionen oder Personen verursacht werden. In der Überwindung solcher Feinde kann man das erlangen, wonach man sich sehnt. Der Kampf wird zu einer Aufgabe des ganzen Volkes (oder einer Klasse von Menschen). Der Diktator bietet sich an, diesen Kampf gegen das Böse aufzunehmen und ihn zu einem guten Ende zu führen.

Das große (innere) Schutzbedürfnis bringt Menschen dazu, jeden solcher Feinde zu verfolgen und zu vernichten, um endlich das Heil zu finden. Die Unmenschlichkeit ist Mittel zu einem Zweck, mit dem sie ganz unbewusst umgehen. Deswegen können sie die Folgen ihres Handelns auch nicht als Unrecht ansehen. Das würde ihrem Leben die Grundlage entziehen.

Bedürfnisse nach Schutz und die Sehnsucht nach Freiheit von Bedrohungen finden sich jedoch nicht nur bei Extremisten und in Diktaturen. Das zeigt sich zum Beispiel bei der Entwicklung und Herstellung von »modernen« Waffen in fast allen Ländern der Erde. Viele angesehene Wissenschaftler beschäftigen sich seit vielen Jahren mit der Herstellung furchtbarer, absolut unmenschlicher Verstümmelungs- oder Vernichtungswaffen, wozu auch Giftgase, bakterielle Waffen und Atomwaffen gehören. Mit ihnen kann man auf einen Schlag Tausende von Menschen schädigen und töten.

Mit Macht, Gewalt und Schutz innere Erfahrungen machen

Viele Menschen glauben, dass ein aggressiver und gewalttätiger Mensch, der kämpft und vielleicht sogar tötet, besonders kraftvoll und stark ist. Aggression, Gewalt und Mord sind jedoch ein sehr starker Schutz vor etwas, was dem Täter im eigenen Inneren ganz bedrohlich und unerträglich erscheint. Er geht davon aus, dass der andere Mensch die eigentliche Ursache für das Unerträgliche ist, und kämpft gegen ihn, um sich – unbewusst – von seinen inneren Zuständen zu befreien. Aber selbst, wenn er den »Feind« tötet, hat er nicht das erledigt, was ihn im eigenen Inneren wirklich berührt. Das gibt es immer noch und kann – wenn man ihn nicht hindert – zu weiteren Gewalttaten führen.

Inneren Bedrohungen gibt es in jedem Menschen. Lebt man unbewusst und unvertraut mit sich, fühlt man sich von »negativen« Gefühlen oder Energien bedroht, die angeblich nicht zu einem gehören, und von denen man hofft, sie eines Tages überwunden zu haben. Dazu gehören Angst, Trauer, Machtlosigkeit, Wut, Schwäche und Verletzlichkeit und viele andere unangenehme Gefühle. Bedrohungen können jedoch auch von inneren Bildern oder Geisteszuständen ausgehen, mit denen man nicht vertraut ist und die man für gefährlich oder verrückt hält.

Bei den meisten Menschen sorgt ein gut trainiertes, automatisches Schutzsystem dafür, dass solche Eindrücke nur bis zu einer bestimmten Grenze ins Bewusstsein kommen und dann unter Kontrolle gebracht werden. Das führt leider nicht dazu, dass man mit diesen Energien in sich vertrauter wird. Wiederholen sich innere Bedrohungen zum Beispiel in Träumen oder Vorstellungen, dann wächst die Angst, sodass man den Schutz verstärkt. Wer so mit sich umgeht, erlebt manchmal in einer äußeren Situation, dass die unterdrückten Gefühle durch das Verhalten eines anderen in ihm geweckt werden.

So kommt zum Beispiel jemand auf der Autobahn durch das gewagte Fahrmanöver eines anderen Fahrers in große Gefahr, auf die er stark reagieren muss. Er bremst, lenkt und rettet sich, während in seinem Inneren alle möglichen Gefühle hochschießen, die er nicht mehr unter Kontrolle halten kann: Angst, Hilflosigkeit und Wut. Der Betroffene verschwendet keinen Gedanken darauf, dass sich das alles in ihm abspielt und vielleicht sogar zu ihm gehört, sondern sieht die Ursache für die unerträglichen Gefühle allein im anderen.

Je nachdem, wie er bisher mit diesen Gefühlen innerlich umgegangen ist, fällt seine äußere Reaktion aus. Ist er einigermaßen vertraut mit sich, schimpft er, fuchtelt mit den Armen und freut sich vielleicht gleichzeitig, dass er so gut reagiert hat und das Schlimmste vermeiden konnte. Eventuell zeigt er den anderen Fahrer an.

Ist er weniger vertraut mit den Gefühlen, empfindet er sich stark von ihnen bedroht und geht vielleicht zum Gegenangriff über, tobt und schreit, bedroht den anderen durch riskantes Verhalten und rammt vielleicht sogar dessen Fahrzeug.

Im Extremfall fühlt er sich total überwältigt von dem, was sich in ihm abspielt. Er will sich davon befreien, indem er die »Ursache«, nämlich den anderen, beseitigt. Er greift zur Pistole, die er – natürlich für den Selbstschutz – immer griffbereit im Handschuhfach hat und erschießt den anderen. Danach ist er schockiert, ernüchtert, aber auch ruhiger. Vielleicht hat er nicht einmal ein Schuldgefühl. Er sieht es als Notwehr an. Alles ist wieder unter Kontrolle.

Dieses Beispiel ist keineswegs übertrieben. Ich habe selbst einmal beobachtet, wie zwei erwachsene, seriöse Männer im Kampf um einen Parkplatz ihre Autos mit Anlauf gegeneinander gefahren und demoliert haben. Und ich habe schon häufiger gelesen, dass man bei demselben Problem zu Waffen gegriffen und sich gegenseitig verletzt oder sogar einen Menschen getötet hat.

Nachdem ich mich selbst und viele andere Menschen von innen kennen gelernt habe, wundert mich nichts mehr. Denn ich weiß, wie groß das innere Schutzbedürfnis sein kann und damit auch die Sehnsucht, sich von seiner eigenen negativen Seite zu befreien. Ich habe sehr oft intensive innere Gewalttaten miterlebt. Solche Energien rumoren auch in zarten, sensiblen Menschen. Sie führen außen meistens nicht zu körperlicher Gewalt und zu Mordtaten. Sie äußern sich vielmehr in offener oder versteckter Aggressivität, die dem Betreffenden selbst und allen, die mit ihm zu tun haben, das Leben schwer macht.

Ich sehe mir Berichte über wirklich vorgekommene Gewalttaten immer mit Interesse an, weil ich oft erkennen kann, wovor sich der Betreffende innerlich zu schützen versucht hat oder was er in sich zu erreichen versucht hat. Leider hat er es auf der physischen Ebene getan und damit viel Leid über andere und sich selbst gebracht. Denn es ist völlig selbstverständlich, dass eine Gesellschaft ein derartiges Verhalten zu verhindern versucht und den Täter bestraft.

Man kann sich jedoch auch von Gewalt innerlich berühren lassen, um sich besser kennen zu lernen. Gerade Themen, die besonders unangenehm sind und sehr bedrohlich wirken, können zu tief vergrabenen eigenen Gefühlen oder Energien führen. Das löst am Anfang meistens viel Angst und Abwehr aus, zu denen man gleich eine bewusste Beziehung aufnehmen kann, indem man sagt: »Angst und Abwehr, ich spüre euch.« Danach kann man auch die Gewalt ansprechen: »Gewalt, vielleicht gehörst du auch zu mir. Du machst mir viel Angst.« Man kann überlegen, was man eigentlich alles in sich nicht mochte und zu überwinden versucht hat, und kann jedem dieser Gefühle oder Teile sagen: »Ich denke jetzt an dich.« Mehr braucht man nicht zu tun.

Als Beispiel erzähle ich von inneren Erfahrungen, die ich mit einem Mann erlebt habe, der zu mir kam. Im ersten Gespräch wirkte er verschlossen, angstvoll und hoffnungslos. Er erzählte mir seine Lebensgeschichte, die fast nur aus Gewalt bestand. Er hatte eine gewalttätige Mutter und war als Jugendlicher in einem Internat, in dem der Leiter, dessen Frau und Sohn zeitweise außerordentlich brutal mit ihm umgegangen waren, was er bis heute als absolut ungerecht und unerträglich empfand. Auch als Erwachsener war er ständig in Gewalttaten verwickelt. Entweder wurde er verprügelt, oder er wehrte sich mit aller Gewalt und verletzte andere. Auch jetzt war er ständig abwehrbereit und hatte gerade wieder eine Schlägerei in einer Kneipe hinter sich. Er hatte kaum noch Hoffnung, sich ändern zu können. Er warnte mich vor sich selbst und erzählte mir, dass ein Therapeut seine Behandlung wegen seiner immer gegenwärtigen Gewalttätigkeit abgelehnt hätte.

Ich muss dazu sagen, dass es für mich nie wichtig ist, ob sich alles so im Leben abgespielt hat, wie es mir jemand berichtet.

Denn ich weiß, dass es nicht um die Vergangenheit geht, sondern um das, was der Mensch jetzt dazu empfindet. Aber nach den vielen inneren Begleitungen bezweifle ich auch nicht, dass ein Mensch Furchtbares erlebt hat oder furchtbar mit anderen umgegangen ist. Es gibt enorm viel Gewalt in der Familie, in der Schule oder Ausbildung und in den Partnerschaftsbeziehungen, die nie in die Öffentlichkeit kommt.

Ich habe schon viele Menschen zu Gewalt, Hass und Aggression in sich selbst begleitet. Früher hatte ich manchmal Angst, dass die Gewalt dann auch außen losgehen und ich etwas abbekommen könnte. Inzwischen weiß ich jedoch, dass in inneren Erfahrungen die Gewalttaten ganz und gar im Inneren bleiben, wohin sie gehören. Mir ist nie etwas geschehen, außer dass mein Vertrauen zum Menschen und zur inneren Gewalt wesentlich größer geworden ist. Und jeder, der seine Gewalt innerlich zugelassen hat, ist leichter und freier wieder nach Hause gegangen, um anschließend mit sich und anderen vertrauter umzugehen.

Mit dem Mann habe ich bisher drei innere Reisen gemacht und auch bei ihm mein Vertrauen bestätigt gefunden. In der ersten Erfahrung kam er ganz intensiv zu Gefühlen, die ihm bisher ganz unerträglich waren, vor allem zu Angst, Hilflosigkeit, Trauer und Hoffnungslosigkeit. Er schämte sich zwar vor mir wegen seiner großen Trauer. Er genoss es aber auch, dass er traurig sein durfte. Er ging ziemlich erstaunt und ruhig nach Hause.

In der zweiten inneren Erfahrung ermutigte ich ihn, sich dem innerlich zuzuwenden und vielleicht sogar hinzugeben, gegen das er sich bisher gewehrt hatte. Er war inzwischen schon ein bisschen vertrauter mit sich geworden. So fiel es ihm nicht allzu schwer, deutliche innere Bilder und Energien in sich zuzulassen. Von innen wurde er sehr ermutigt, sich einigen Dingen einfach auszuliefern und nicht mehr dagegen zu kämpfen. Das war für ihn eine erschütternde Erfahrung, vor allem, weil er erlebte, dass er innerlich keineswegs geschädigt oder gar zerstört wurde. Er entschloss sich an dem Tag, jemanden, mit dem er eine sehr unangenehme, wieder zur Gewalt tendierende Auseinandersetzung hatte, anzurufen und zu sagen, dass er nicht mehr kämpfen wolle, sondern nachgeben werde.

Vor der dritten inneren Reise ermutigte ich ihn, sich auch einmal der eigenen Gewalt zu öffnen und seine Gewalttätigkeit innerlich frei auszuleben. Das machte ihm ganz große Angst. Er hatte ja bisher zum Glück seine Gewalt außen immer noch so gut unter Kontrolle gehalten, dass er niemanden schwer verletzt oder getötet hatte. Er fürchtete natürlich, dass er diese Kontrolle jetzt verlieren könnte. Außerdem glaubte er, wie bei uns üblich, dass eine innere Gewalttat auf der geistigen Ebene den anderen schädigen oder gar töten könnte, und dass allein der Gedanke an Gewalt auf einen selbst zurückschlagen würde. Das sind Vorstellungen, von denen ich immer wieder höre.

Ich dränge niemanden zur inneren Gewalt, aber ich ermutige immer dazu, wenn das Thema auf den Tisch kommt. Ich weiß, dass es dabei immer um eigene Erfahrungen geht, auch wenn man an jemand anderen denkt und auf ihn losgeht. Ich habe inzwischen sehr oft miterlebt, dass man damit sich selbst nicht schädigt und vor allem auch niemand anderen. Man wird mit starken eigenen Lebenskräften vertraut, die man bisher unbewusst zum inneren oder zum äußeren Schutz verwendet hat.

In der Erfahrung dachte der Mann zuerst an seine Mutter, die ihn psychisch und physisch gequält hatte. Er spürte große Wut, gleichzeitig auch starke Angst. Außerdem schämte er sich seiner Aggressivität. Ich ermutigte ihn, die Gefühle anzusprechen: »Wut und Angst, ich spüre euch. Ich mag euch nicht.« Dann sagte ich ihm, dass er jetzt seiner Mutter alles sagen könne, was er wolle und dass er mit ihr auch alles machen könne. Er sagte: »Wut, jetzt lebe ich dich« und ging mit einem Messer auf die Mutter los. Er schämte sich, laut zu berichten, wie furchtbar er mit ihr umging. Aber dann sagte er doch, dass er sie zerschnitt und zerstückelte und ein großes Blutbad anrichtete. Er konnte sagen: »Mutter, dir geschieht recht.« Er fühlte sich sehr erleichtert.

Danach ließ ich ihn fragen: »Gibt es eine innere Mutter in mir, die ich jetzt kennen lernen kann?« Er sah sofort eine stattliche, liebevolle Frau, die sagte: »Ich habe schon lange auf dich gewartet.« Er konnte sich in die Arme nehmen lassen und spürte eine schöne Wärme und Weichheit. Er fragte die innere Mutter: »Warst du schon immer so in mir, auch wenn ich dich nie gespürt habe?« Er bekam ein klare, fröhliche Antwort. Er konnte dann auch fragen: »Innere Mutter, hast du mich immer geliebt, auch mit meinen Problemen und meiner Gewalt?« Auch da war die Antwort eindeutig Ja und sehr liebevoll.

Nach einigen anderen Erfahrungen dachte er an die Frau des Internatsleiters, die sadistisch mit ihm umgegangen war. Er bekam wieder große Angst vor seiner Gewalt, die ihn zu überwältigen drohte. Er sagte: »Ich spüre einen Mörderhass.« Ich ermutigte ihn, auch dieses Gefühl anzusprechen und seine innere Mutter zu fragen, ob er es in sich ausleben dürfe. Die war weiterhin fröhlich und sagte, dass es das Beste wäre, was er für sich tun könne. So sagte der Mann: »Mörderhass, ich lasse dich zu«, und dann ging er mit einem Beil auf die Frau los. Er zerhackte sie in kleine Stücke, wollte sie dann wilden Tieren vorwerfen, merkte aber, dass sie dafür viel zu schade waren. Er verbrannte die Reste der Frau in einem großen Feuer, zu dem auch die innere Mutter kam und sich ganz offensichtlich freute.

Der Mann fragte nach meiner Ermutigung: »Innere Frau, kann ich dich jetzt kennen lernen, wie du wirklich bist?« Es erschien eine lebendige, fröhliche Frau, die ihn an seine erste Lebenspartnerin erinnerte. Auch die freute sich, dass er mit seinem Mörderhass seine bisherigen Vorstellungen über die Frau vernichtet hatte. Der Mann benutzte seinen Mörderhass auch noch dazu, den gewalttätigen Internatsdirektor und dessen ebenso veranlagten Sohn innerlich umzubringen. Dabei lernte er seinen liebevollen inneren Mann und inneren Sohn kennen. Und zuletzt fragte er von sich aus, ob es denn auch einen inneren Vater in ihm gäbe. Denn sein leiblicher Vater war früh in seinem Leben verloren gegangen, sodass er auch mit seiner Väterlichkeit wenig vertraut war. Da kam ein liebevoller innerer Vater zu ihm und bestätigte, dass er – genau wie die anderen – schon immer in ihm gewesen war und ihn schon immer geliebt hatte. Alle waren erlöst und fröhlich.

Als der Mann ziemlich verblüfft, aber erleichtert und fröhlich von mir wegging, rief er mir noch auf der Treppe zu: »Ich habe nie gewusst, dass ich eine so liebevolle Familie in mir habe.«

Ich weiß, dass ein solcher innerer Umgang mit Gewalt und Mord für viele Menschen unerträglich ist und große Angst auslöst. Und ich vermute, dass kaum jemand glauben wird, dass man sich einem so schwierigen Thema einfach innerlich öffnen kann. So schnell und leicht wie bei diesem Mann geht das auch nicht bei allen Menschen, die ich begleite. Er ist ungewöhnlich sensibel und hat sehr klare innere Bilder. Er war bisher jedoch überhaupt nicht vertraut mit solchen inneren Vorgängen. Er hatte sie zumeist als sehr bedrohlich empfunden und sich mit großer Kraft vor ihnen zu schützen versucht.

Seine außen zwanghaft gelebte Gewalt war ein Ausdruck von starkem Schutz vor seinen inneren Bedrohungen. Der Mut des Mannes, sich so weit im Inneren zu öffnen, hat für die beglückenden und erlösenden Erfahrungen gesorgt. Bei diesem Mann wurde ganz deutlich, dass viele Eindrücke aus seiner leidvollen Vergangenheit stammen. Die inneren Bilder der Mutter, der Frau, des Mannes und des Kindes waren geprägt von der Gewalt, die er mit den entsprechenden äußeren Menschen erlebt hatte.

Bei uns glaubt man leider, dass man sich in Erinnerungen mit seiner Vergangenheit beschäftigt, die man – natürlich – nicht mehr ändern kann. Erinnerungen sind jedoch innere Bilder oder Gedanken, die sich in der Gegenwart im eigenen Geist abspielen. Man kann sich mit ihnen beschäftigen, um sich selbst besser kennen zu lernen. Danach muss man nicht mehr so unbewusst an diesen inneren Eindrücken festhalten. Oft verwandeln sich die inneren Bilder der Gestalten, die man früher draußen erlebt hat, in erträglichere und angenehmere, mit denen man vertrauter umgehen kann: So kann zum Beispiel – wie bei dem Mann – aus dem Bild der schwierigen leiblichen Mutter eine liebevolle innere Mutter werden.

Der Mann hat mit Hilfe der inneren Gewalt die bedrohlichen inneren Bilder »zerstört«, welche den Zugang zu seiner eigenen Mütterlichkeit, Weiblichkeit, Männlichkeit und Kindlichkeit bisher verhindert hatten. Die »gewalttätige Mutter« ist natürlich auch ein Teil von ihm. Wenn er jedoch sein Leben lang nur an diesem Bild festhält, erfährt er niemals die vielen anderen Aspekte der »inneren Mutter«. Dazu gehört manches, was man bei der leiblichen Mutter gesucht und so nicht gefunden hat: Angenommensein, bedingungslose Liebe und Vertrauen zum irdischen Leben.

In inneren Erfahrungen muss man jedoch nicht immer erst gewalttätig ein Bild aus der Vergangenheit zerstören, um zur Vielfalt und Lebendigkeit der inneren Welt zu kommen. Aber wenn man es möchte, kann man es bedenkenlos tun. Man kämpft dann nicht gegen jemand anderen und man schädigt ihn weder im Geist noch in der äußeren Welt. Man lernt starke Energien in sich kennen und gewinnt einen Zugang zu dem, was bisher hinter den oft unerträglichen Bildern der Vergangenheit gelegen hat. Es ist ein intensiver Weg nach innen.

Die zunehmende äußere Gewalt ist für mich nichts anderes als ein Ausdruck des Mangels an Vertrauen zu den entsprechenden inneren Energien. Schützt man sich unbewusst vor ihnen, machen sie sich oft auf den physischen Ebenen deutlich, wo sie schmerzhaft und zerstörerisch erfahren werden können. Das spürt man dann in leidvollen Symptomen des eigenen physischen Körpers oder in schwierigen Beziehungen zu anderen Menschen.

Bei uns geht man leider nicht nach innen, um dort mehr Vertrauen zu gewinnen. So erlösen wir uns auch nicht von der äußeren Gewalt, sondern schützen uns mit immer mehr Gewalt vor ihr. Es ist ein verhängnisvoller »Teufelskreis«, der unsere Zivilisation zum Teil prägt und der auch in den furchtbaren Gewalttaten unter Hitler und Stalin seinen Ausdruck fand.

Man kann sich vorstellen, dass ein Mensch mit der inneren Struktur des Mannes, den ich eben geschildert habe, gut für einen Diktator geeignet wäre. Hätte man ihm Macht, eine Uniform und Waffen gegeben und ihm den Feind gezeigt, den er verfolgen und zerstören sollte, wäre es möglich gewesen, dass er mit ihm gnadenlos umgangen wäre. Er hätte es mit der unbewussten Sehnsucht getan, endlich das zu beseitigen, was ihn bisher so bedroht und eingeschränkt hat.

Von dem Mann, den ich begleitet habe, weiß ich, dass er keineswegs von allen Problemen befreit ist, dass er jedoch nach seinen inneren Erfahrungen keine Gewalt mehr nach außen gebracht hat. Er ist sehr sensibel und voller Sehnsüchte, die ihn auf einen friedlichen religiösen Weg geführt haben.

Denn der Friede, nach dem sich so viele sehnen, entsteht durch das Vertrauen zur eigenen Seele und zu dem unermesslichen Zusammenhang, in dem alles existiert. Dazu gehören auch alle die Gefühle und inneren Eigenschaften des Menschen, die man bei uns für böse, schlecht oder falsch hält.

So ermutige ich noch einmal dazu, sich diesen Themen – vielleicht mit Angst und Vorsicht – im eigenen Inneren zuzuwenden. Es gibt sehr viele Möglichkeiten, sich innerlich von Gewalt oder Krieg berühren zu lassen, weil wir täglich Nachrichten über solche beklagenswerten Zustände auf der Erde hören oder sehen. Da laufen Uniformierte in gebückter Haltung mit der Maschinenpistole durch die Landschaft und schießen auf einen entfernten Feind. Da stehen kräftige Männer hinter einem großen Geschütz, schleppen riesige Geschosse heran und feuern sie gegen einen weit entfernten Ort. Und da liegen Männer, Frauen und Kinder im Blut, wenn in einer Stadt die Granaten eingeschlagen sind oder Terroristen eine Autobombe gezündet haben.

Wenn man sich solche Bilder überhaupt noch zumutet und nicht grundsätzlich Nachrichten und aktuelle Sendungen vermeidet, lösen sie ganz sicher starke Gefühle aus: Trauer, Ohnmacht, Hilflosigkeit, Wut, Hass und Angst. Viele Menschen versuchen unbewusst, diese Gefühle sofort unter Kontrolle zu bringen, was sie noch unangenehmer macht.

Hat man Sehnsucht, mit sich vertrauter zu werden, kann man bei seinem Schutz beginnen, indem man wahrnimmt, was man tut, um die unangenehmen Gefühle zu vermeiden. Vielleicht verlässt man den Raum oder man beginnt ein Gespräch über etwas ganz anderes oder man schimpft über die Politiker, die nicht eingreifen, um den Krieg zu verhindern. Man kann sagen: »Schutz vor all den unerträglichen Gefühlen, ich spüre dich. Da ich zu diesen Gefühlen wenig Vertrauen habe, brauche ich dich noch.«

Man muss also seinen Schutz nicht erst beseitigen, um »zu sich zu kommen«. Nicht der Schutz ist das Hindernis, sondern der unbewusste Umgang mit ihm, bei dem es eine regelrechte Eskalation geben kann: Man spürt Unangenehmes, mobilisiert seinen Schutz, spürt noch mehr Unangenehmes, braucht noch mehr Schutz und spürt noch wesentlich Unangenehmeres und muss sich wesentlich stärkeren Schutz geben. Zuletzt tobt ein großer Krieg zwischen den inneren Bedrohungen und der unbewussten

Abwehr, der ewig weiterzugehen scheint, weil man keinen Ausweg aus diesem »Teufelskreis« findet.

Davon erlöst man sich, wenn man seinen Schutz bewusst als Teil von sich wahrnimmt, ihn sich zugesteht und zu ihm spricht. Fast alle Menschen glauben, dass dann alle die Gefühle über einen hereinbrechen, vor denen man sich geschützt hat. Es ist jedoch möglich, dass es ziemlich still in einem wird. Man erlebt, dass sich solche Erwartungen nicht erfüllen. Die unvertrauten Gefühle sind keineswegs bösartig. Sie fließen meistens viel sanfter und fühlen sich sehr erträglich an, wenn man nicht mehr mit aller Gewalt gegen sie vorgeht.

Damit ist der Weg nach innen offener geworden. Man kann während der Fernsehnachrichten über einen Krieg bemerken, was man empfindet und kann sich den Gefühlen zuwenden. Man braucht nur zu sagen: »Trauer und Hilflosigkeit, ich spüre euch.« Vielleicht kommt dann Erleichterung auf, die man auch wahrnimmt und sagt: »Erleichterung, ich freue mich über dich.«

Wenn man will, kann man im Laufe solcher Erfahrungen fragen: »Krieg und Gewalt, seid ihr auch in mir?« Das löst sicher weitere unangenehme Gefühle aus, mit denen man auch nicht vertraut ist. Damit begegnet man einigen seiner »inneren Feinde«, die man wahrnehmen und zu denen man sprechen kann. Auch wenn das am Anfang Angst verursacht, beginnt man damit eine innere »Konferenz für vertrauensbildende Maßnahmen«. Man lernt den Feind als einen Teil von sich selbst kennen.

Wenn man so eine andere Einstellung zu der eigenen inneren Gewalt gewinnt, kann man sie als eine hilfreiche Kraft erfahren. Sie fließt als neutrale (friedliche) Energie im eigenen Inneren und schenkt einem viele Fähigkeiten, die man auch im äußeren Leben verwenden kann. Außerdem gewinnt man viel Selbstvertrauen, wenn man weiß, dass man sich innerlich nicht mehr so vor diesen Kräften schützen muss.

Ganz interessant wird es, wenn man sich bewusst wird, dass die (innere) Gewalt und Zerstörung ein wesentlicher Teil des körperlichen Immunsystems ist. In ihm gibt es zu jeder Zeit in großem Umfang Gewalt, Kampf und Vernichtung. Alles was dem Körper gefährlich werden könnte, wie Viren, Bakterien, eigene Krebszellen und andere Feinde werden gnadenlos niedergemacht. Die »Killerzellen« kämpfen »Mann gegen Mann«, unter Einsatz und häufig unter Verlust ihres eigenen Lebens. Eine Verminderung dieses totalen inneren Krieges führt zu Krankheiten und vielleicht zum Tod.

Es ist sehr hilfreich, sich dessen manchmal bewusst zu werden und zu sagen: »Immunsystem, ich danke dir, dass du mich gesund erhältst. Kämpfe tüchtig weiter.« Das Immunsystem zeigt, dass Gewalt für den Körper überlebensnotwendig ist.

Ich erlebe öfter mit, dass Menschen, die Kampf und Gewalt im eigenen Inneren verdammen und sich verbieten, ein geschwächtes Immunsystem haben und häufig krank werden. Sie blockieren in der geistigen Ebene gerade die vitalen Energien, die das Immunsystem dringend braucht.

Im Gegensatz zu den bei uns üblichen Vorstellungen über Gewalt werden in vielen anderen religiösen Kulturen die Kräfte der Bedrohung und Zerstörung als Gestalten des Götterhimmels dargestellt. Ihre Bilder sind in den Tempeln zu sehen, direkt neben den sanften, liebreizenden und glückbringenden Gestalten. So ist im Hinduismus Shiva die Gottheit der Schöpfung und der Zerstörung in einer Person. Die Menschen wenden sich in ihrer Religion allen Aspekten der inneren Welt gleichmäßiger zu, woraus weniger Angst, mehr Vertrauen und Friede im Inneren entsteht.

In unserer christlichen Tradition gibt es eine deutliche Trennung der Energien nach »gut« und »schlecht« oder gar nach »göttlich« und »teuflisch«. Das macht den unbefangenen Umgang mit ihnen schwer.

Anhang

Andere Menschen in ihren inneren Erfahrungen begleiten

Ich habe geschildert, dass ich diesen Weg nach innen ohne einen Lehrer und ohne eine Ausbildung gefunden habe. Ich war schon immer sehr neugierig und habe öfter Dinge ausprobiert, von denen Freunde und Verwandte glaubten, dass sie nicht gelingen würden. Manchmal hatten sie Recht, aber manchmal machte ich erstaunliche Erfahrungen, die meinen Mut vertieft haben.

Ich habe mich am Beginn dieses Weges von einigen spirituellen und religiösen Vorgängen berühren lassen, die mir – und den meisten westlichen Menschen – zuerst ganz fremd, ja sogar bedrohlich erschienen. Sie haben dazu geführt, dass ich mein naturwissenschaftliches Denken nicht aufgegeben, sondern relativiert habe. Neben unserer Art zu denken gibt es unendlich viel mehr, was bei uns überhaupt nicht betrachtet wird oder als Unsinn abgewertet wird.

Als ich begann, andere Menschen durch ihre Erfahrungen zu begleiten, war ich ganz unsicher. Ich wusste nicht, was ich eigentlich machte und wie weit ich gehen durfte. Solche Zweifel und Ängste haben mich zuerst ganz unbewusst begleitet und mich vorsichtig sein lassen. Dann wurden mir Angst und Zweifel bewusst und ich fing an, sie in meine inneren Begleitungen mit hinein zu nehmen. Ich probierte an mir und anderen Menschen aus, Grenzen zu erfahren und – wenn es möglich war – hinter sie zu kommen. Dabei habe ich die Menschen nie bedrängt, sondern ihnen immer angeboten, in einer schwierigen Situation abzubrechen oder woanders hinzugehen. Wenn jemand weiter gehen konnte, erlebte ich mit ihm, dass er dann nicht geschädigt oder zerstört wurde, sondern dass erstaunliche Öffnungen und Veränderungen vor sich gingen, die man nicht erwarten und auch nicht erzeugen konnte. Den Menschen (und mir) wurden von innen Erlösungen geschenkt.

Ich gewann durch das Miterleben solcher inneren Vorgänge und Zustände und durch meine eigenen Erfahrungen sehr viel Vertrauen zu mir. Dadurch fiel es mir leichter, die von mir begleiteten Menschen zu ermutigen, innen so weit gehen, wie sie es konnten oder wollten.

Seitdem habe ich Erfahrungen gemacht und erlebt, die hier zu Lande auch Therapeuten und Psychiatern ganz unvertraut sind. Bei uns gibt es eben viele Vorstellungen, die Ängste und Schutz vor dem Unvertrauten und Bedrohlichem in einem selbst auslösen. Ich weiß inzwischen jedoch ganz sicher, dass man im eigenen Inneren alles tun kann, aber auch alles geschehen lassen kann. Es gibt keine wirklichen Gefahren, vor denen man sich schützen muss. Man begibt sich ja in die eigene Seele, in der man eine bedingungslose Liebe finden kann.

Vor der Begleitung

Wenn jemand zu mir kommt, bitte ich ihn, auf einem Stuhl Platz zu nehmen. Ich setze mich ihm gegenüber und frage ihn, was ihn gerade berührt oder wem er in sich näher kommen möchte. Oft gibt es ganz konkrete Themen wie Krankheit, Beziehungsprobleme, Tod eines nahen Menschen, Überforderung und Erschöpfung.

Es ist jedoch wichtig, dass man nicht nur innere Erfahrungen machen kann, wenn es einem schlecht geht. Auch wenn jemand sagt, dass er sich wohl fühlt, zur Zeit kaum Probleme hat und auf sich selbst neugierig ist, kann er diesen inneren Weg gehen. Manche haben fast Schuldgefühle, weil sie dann jemandem, der es nötiger hat, den Platz wegnehmen. Diese Menschen machen die bei uns übliche Einstellung deutlich, dass man sich nur um sich selbst kümmern sollte, wenn man leidet.

Wenn der Mensch über sich spricht, höre ich ihm aufmerksam zu. Kommen dabei schon starke Gefühle auf wie Trauer oder Angst, ermutige ich ihn, sie zuzulassen. Fällt ihm das schwer, sage ich ihm ausdrücklich, dass ich mit diesen Gefühlen sehr vertraut bin und mich geradezu darüber freue, wenn er sie auslebt.

Wenn man den Menschen gut kennt, kann man ihn duzen. In meinen Gruppen duze ich alle Teilnehmerinnen und Teilnehmer. Ich biete aber immer an, dass man mich siezen kann, wenn einem das Du nicht angenehm ist. Dann erwidere ich das Sie. Zu Einzelbegleitungen kommen aber immer wieder Menschen, die ich nicht kenne. Dann sieze ich sie, was zu keinerlei »Qualitätsunterschied« in der Begeleitung führt. Das Du ist sicher ein bisschen intimer. Das Sie kann aber auch hilfreich sein, etwas mehr Distanz zu haben. (Im Folgenden werde ich meine Beispiele für Fragen im Du oder im Sie formulieren, damit beide Möglichkeiten selbstverständlich werden.)

Wenn der Mensch über sich spricht, betrachte ich ihn als eine Seele, die genau die Erfahrungen macht, die zu ihr gehören. Damit sehe ich seine Themen mehr als innere Vorgänge. Spricht er zum Beispiel über Probleme mit einem anderen Menschen, dann ist mir klar, dass es jetzt nicht in erster Linie um seine Beziehung zu jemand anderem geht, sondern um die Beziehung zu sich selbst. Darüber spreche ich jedoch nicht mit ihm, weil er es in seiner inneren Erfahrung selbst erleben wird.

Eigentlich muss niemand ausführlich schildern, was ihn berührt, weil in der anschließenden Begleitung das Richtige geschehen wird. Wenn jemand Einzelheiten erzählt, kann man das jedoch auch benutzen, um das Thema in der Begleitung aufzugreifen. Spricht jemand – vielleicht aus Erfahrungen in einer Therapie – sehr ausführlich über sein Leben und sein Leiden, dann weise ich ihn nach einiger Zeit darauf hin, dass ich nicht alles wissen muss, um ihn unterstützen zu können. Ich bitte ihn dann, seine inneren Erfahrungen zu machen.

Außen und innen sollte man dem Menschen so viel Freiheit wie möglich geben. Ich empfehle dem Menschen, sich hinzulegen und setze mich neben ihn, sodass ich ihm ins Gesicht sehen kann. Ich benutze meistens eine Matte auf dem Boden. Es ist aber auch möglich, jemanden zu begleiten, der auf einer Couch liegt oder in einem Sessel oder auf einem Stuhl sitzt. Ich bitte den Menschen, seine Augen zu schließen. Wenn er es nicht kann oder will, lässt er seine Augen offen. Meistens hindert das nicht, die innere Welt zu erfahren. Für manche ist es notwendig, am Anfang Sicherheit zu finden, indem sie sich immer wieder auch nach außen orientieren.

Die Begleitung

Wenn man bisher nur wenige Menschen nach innen begleitet hat, ist es selbstverständlich, dass man vor und bei den Begleitungen Angst und Unsicherheit empfindet. Die sollte man sich zugestehen und sie innerlich ansprechen.

Ich beginne eine Begleitung meisten mit der Frage: »Wie fühlst du dich?« Wenn der Mensch sagt: »Ich bin ganz aufgeregt«, ermutige ich ihn, laut zu sagen: »Aufregung, ich spüre dich.«

Am Anfang fällt es einigen Menschen sehr schwer, laut zu etwas in sich zu sprechen. Manche quälen sich regelrecht, weil es ihnen verrückt oder lächerlich erscheint. Ich sage dann, dass er nicht laut zu sich sprechen muss. Er kann auch leise hinsprechen. Ich mache jedoch darauf aufmerksam, dass das laute Sprechen den Vorteil hat, dass ich ihn viel besser spüren kann. Außerdem erscheint mir das laute Sprechen intensiver. Wenn der Mensch es dann probiert, hat er nach einigen Sätzen vergessen, dass es lächerlich ist. Denn er spürt meistens sofort den Kontakt nach innen und bekommt vielleicht sogar Antworten von dort.

Wenn jemand innerhalb einer Begleitung zu einem Thema kommt, das er für sich behalten will, kann man ihm sagen, dass er leise mit sich reden kann. Wenn er dann wieder laut sprechen will, tut er es. Damit gibt man dem Menschen die Gelegenheit, Dinge auch bei sich zu lassen. Bei mir machen nur ganz wenige Gebrauch davon, weil sie spüren, dass ich sie nicht bewerte oder verurteile. Oft kann ich jemanden, der laut über sein unerträgliches Thema spricht, deutlich machen, dass es nicht so ungewöhnlich ist, wie er bisher geglaubt hat. Das erleichtert ihn. Manchmal beichtet mir jemand etwas, was er noch nie einem anderen Menschen gesagt hat. Ich ermutige ihn dann, sich dem innerlich zu öffnen.

Mir ist jedoch noch nie von einem (bisher unbekannten) Verbrechen berichtet worden. Sollte das einmal geschehen, werde ich den Menschen ermutigen, die irdischen Konsequenzen zu tragen und sich zu stellen.

Natürlich muss man über den Inhalt von Begleitungen grundsätzlich anderen gegenüber schweigen. Sonst verliert man sofort das Vertrauen der Menschen, die zu einem kommen.

In der Begleitung versuche ich, von mir aus nur selten etwas hinzuzufügen. Ich gebe dem Menschen meistens seine Worte zurück. Nachdem er gesagt hat: »Aufregung, ich spüre dich,« frage ich: »Wo ist deine Aufregung besonders deutlich?« Wenn er sagt: »Ich spüre sie im Bauch«, dann sage ich: »Sprich doch deinen Bauch direkt an und sage: Bauch, ich spüre dich in deiner Aufregung.« Ich hätte auch sagen können: »Wie fühlst du dich mit deiner Aufregung? Ist sie dir erträglich?« Wenn der Mensch sagt: »Ich mag sie nicht«, ermutige ich ihn zu sagen: »Aufregung, ich mag dich nicht« oder »Ablehnung, ich spüre dich.«

Ziemlich häufig frage ich danach: »Was könnte geschehen, wenn die Aufregung noch stärker würde?« Wenn der Mensch Angst äußert, sage ich: »Du kannst es ausprobieren. Wenn du willst, sage deiner Aufregung, dass du sie jetzt zulässt. Wenn es dir unerträglich wird, kannst du Stopp sagen und es abbrechen.« Meistens wird ein bedrohliches Gefühl viel ruhiger, wenn man es zulässt oder sich ihm sogar ausliefert. Der Mensch erfährt dann, dass er sich nicht mehr so schützen muss, wie er es bisher unbewusst getan hat. Die intensivste Form des Auslieferns ist zum Beispiel der Satz: »Aufregung, mache jetzt mit mir, was du willst.«

Wenn der Mensch spürt, dass sein Herz besonders aufgeregt ist, frage ich ihn, ob er mit seinem Herzen vertraut ist. Meistens hat der Mensch noch nie direkt Kontakt zu seinem Herzen gehabt. So frage ich: »Willst du dein Herz besuchen, um es besser kennen zu lernen?« Fast jeder möchte es, manche bezweifeln aber, dass sie es können. Dann bitte ich sie zu sagen: »Zweifel, ich spüre dich. Komm mit zu meinem Herzen.« Auch wenn Freude, Neugier oder

Trauer aufkommen, kann der Mensch das Gefühl bitten mitzukommen. Der Mensch kann sagen: »Herz, ich komme jetzt mit meiner Neugier zu dir.« Ich warte einen Augenblick bis ich frage: »Wie sieht dein Herz aus, oder wie stellst du es dir vor, wenn du ihm näher kommst? Wirkt es klein oder groß, hell oder dunkel?«

Die meisten Menschen haben sofort einen ziemlich deutlichen Eindruck. Dabei macht es überhaupt keinen Unterschied, ob das Bild von allein aufsteigt oder ob man es sich vorstellt. Wenn jemand nichts sieht, ermutige ich ihn, es zu spüren oder sich vorzustellen, wie er es sehen möchte. Nur ganz selten gelingt das nicht.

Ein solcher Besuch beim Herzen ist sehr interessant. Denn das Herz zeigt sich dem Menschen sehr oft so, dass er an ein wesentliches Thema kommt. Das Herz, das er erfährt, hat fast nichts mit dem physischen Herzen zu tun. Der ganze Vorgang spielt sich im Geist ab. So kann das Herz groß und warm sein und dem Menschen Geborgenheit schenken. Es kann eine weiche Höhle sein, in der er sich zu Hause fühlt. Es kann aber auch hart und kalt sein und ihn zu seiner Ablehnung und seinem Schutz bringen. Dabei sieht es manchmal völlig gepanzert aus. Oder es blutet aus vielen Wunden und versucht damit, den Menschen mit seinen Verletzungen vertrauter zu machen. Manchmal erscheint das Herz weit entfernt und ist trotz aller Anstrengungen nicht zu erreichen. Dann erlebt der Mensch das Leiden, jemanden zu suchen und ihn nicht zu erreichen.

Manche Menschen sind tief betroffen, wenn das Herz gepanzert oder verletzt ist. Sie haben dann Schuldgefühle und Ängste, weil sie bisher so unbewusst und lieblos mit ihm umgegangen sind. Das Herz macht dem Menschen jedoch keine Vorwürfe, es ist nicht wirklich gepanzert oder verletzt, sondern freundlich und macht durch die dramatischen Eindrücke auf leidvolle Themen aufmerksam.

Ich greife das in einer Begleitung immer auf und ermutige den Menschen, alle Gefühle anzusprechen, die jetzt in ihm aufkommen. Er kann zum Beispiel sagen: »Verletzungen, ihr macht mir Angst. Ich bin ganz traurig, wenn ich euch am Herzen sehe.«

Meistens frage ich dann: »Woran erinnern dich die Verletzungen und deine Angst und Trauer. Kennst du das auch von früher, vielleicht aus deiner Kindheit?« Oft brechen dann starke Gefühle auf, die der Mensch ansprechen und zulassen kann. Auch wenn es ihm nicht gut geht, freue ich mich für ihn, dass er seinen Gefühlen und seinen unangenehmen Zuständen näher kommt.

Wenn es für ihn sehr dramatisch und fast unerträglich wird, werde ich in meiner Stimme immer ruhiger, um ihm deutlich zu machen, dass ich es gut ertragen kann. Ich sage oft: »Auch wenn es jetzt ganz schwierig für dich ist, ermutige ich dich, weiterzumachen. Du lernst dich kennen. Wenn es dir jedoch zu viel wird, kannst du es abbrechen. Du kannst sagen: Ich ziehe mich jetzt zurück.«

Das Wort »Verletzungen« und die Gefühle, die dabei aufkommen, erinnern den Menschen sehr oft an leidvolle Erfahrungen in seiner Kindheit. So denkt er zum Beispiel an einen strengen Vater, bei dem er sich ständig unter Druck gefühlt hat, weil der nie mit ihm zufrieden war. Ich frage dann: »Wie sieht denn dein Vater aus, wenn du dich an ihn in deiner Kindheit erinnerst?« Der Mensch schildert diesen strengen Menschen, der nicht zu erreichen war und verschlossen wirkt. Oft kommen dabei Angst und Trauer auf.

Der Betroffene denkt natürlich, dass er jetzt in seiner Vergangenheit ist und sich mit dem leiblichen Vater beschäftigt. Manchmal sagt jemand: »Ich will mich nicht schon wieder mit meinem Vater auseinander setzen. Ich habe das schon in der Therapie gemacht. Es war zwecklos. Er hat sich nicht geändert.« Ich ermutige den Menschen, sich seiner Hoffnungslosigkeit und vielleicht auch dem Frust zuzuwenden und diese anzusprechen.

Mir ist bei inneren Begleitungen immer bewusst, dass der Mensch ganz und gar »bei sich« ist. Das Bild des strengen Vaters ist jetzt in ihm. Er schaut nach innen und sieht und erlebt etwas Eigenes. Das sage ich ihm aber nicht, sondern lasse ihn vorerst im Glauben, dass er sich mit seinem Vater auseinander setzt. So bitte ich ihn dann auch, sich den Vater doch noch einmal anzuschauen, selbst wenn er weiß, dass es hoffnungslos ist, sich mit ihm auseinander zu setzen.

Wenn der Mensch Angst und Trauer spürt, sage ich ihm: »Sprich doch den Vater direkt an. Du kannst ihm sagen, dass du ganz traurig bist und Angst hast, wenn du ihn so siehst.« Wenn er das gesagt hatte, frage ich: »Wie verhält sich dein Vater, wenn du ihm das so direkt sagst?« Oft sagt der Mensch dann: »Er reagiert gar nicht. Er ist kühl und abweisend.«

Ich frage dann: »Spüre doch, warum sich dein Vater so verhält. Ist er mit sich selbst vertraut? Kennt er sich innerlich, kann er seine Gefühle zulassen? Oder geht er auch abweisend und kühl mit sich selbst um?« Oft ist der Mensch einen Augenblick lang ganz still. Dann sagt er verblüfft: »Ich merke jetzt, dass mein Vater gar nicht so selbstbewusst war wie ich immer gedacht habe. Ich glaube, dass er sich wenig kannte und sich vor seiner weichen Seite sehr geschützt hat.« Ich frage dann: »Wie fühlst du dich, wenn du merkst, dass dein Vater auch so mit sich umgegangen ist wie mit dir?« Oft wird der Mensch ganz traurig. Dann frage ich: »Kennst du das auch von dir selbst, dass du manches in dir nicht zulassen kannst und innerlich kühl und abweisend damit umgehst? Und dass du dich manchmal streng bewertest und mit dir unzufrieden bist?«

Viele Menschen sind sehr betroffen, weil sie ja nie so sein wollten wie die schwierige Person, an der sie gelitten hatten. Ihnen wird jedoch klar, dass sie sich manchmal innen und außen ganz ähnlich verhalten wie der schwierige Mensch. Ich ermutige sie, das diesem Menschen zu sagen. Sie zögern oft, ehe sie sagen können: »Vater, ich merke, dass wir uns ähnlich sind. Ich habe manchmal auch nicht viel Vertrauen zu meinen Gefühlen und bewerte und verschließe mich.«

Sie sind anschließend ganz überrascht, dass der Vater lebendiger wird. Er hört zu, er freut sich vielleicht sogar. Vielleicht werden beide jedoch auch traurig. Ich frage dann: »Wie fühlst du dich, wenn du merkst, dass du den Vater erreichen kannst und dass er reagiert?« Meistens ist da Erleichterung, selbst wenn der Mensch ganz traurig ist. Er kann dann sagen: »Vater, ich bin erleichtert, dass du mich hörst und verstehst.« Ich ermutige den Menschen, zu dem Vater hinzugehen und ihn zu berühren oder in die Arme zu nehmen. Auch wenn die Berührung noch vorsichtig ist, entsteht ein Kontakt, nach dem der Mensch sich vielleicht sein Leben lang gesehnt hat. Er kann es genießen.

Erst jetzt sage ich: »Frage diesen Vater doch, ob er in dir ist, ob er dein innerer Vater ist.« Auch wenn jemand ähnliche Erfahrungen schon gemacht hat, ist er ganz verblüfft, dass es um ihn selbst geht. Denn die Gestalt des Vaters macht ihm mehr oder weniger intensiv deutlich, dass sie innen ist. Oft verwandelt sich das Bild in einen Vater, der nicht mehr wie der leibliche Vater aussieht. Ich lasse danach oft fragen, ob dieser innere Vater schon immer da war, auch wenn der Mensch ihn nicht gespürt hat. Und dann kann er auch noch fragen, ob dieser innere Vater ihn immer gehört, verstanden und geliebt wie er war und wie er ist. Es gibt fast immer eine eindeutige Antwort.

Der Mensch kann sich vom inneren Vater in die Arme nehmen lassen. Er muss nichts mehr tun, er kann es genießen. Ihm wird bewusst, dass er fast sein ganzes Leben an dem Bild des Vaters festgehalten hat, der streng, kühl und abweisend ist. Das hat ihm den Zugang zur eigenen offenen und liebevollen Väterlichkeit schwer, vielleicht sogar unmöglich gemacht.

Was ich eben geschildert habe, ist ein unglaublich interessanter Zugang zu den schwierigen Themen des Lebens. Natürlich leidet ein Kind an der Strenge, Abwehr, Lieblosigkeit, Aggression und vielleicht sogar Gewalt der Erwachsenen. Ein Kind kann nicht erkennen, wie ein großer, starker erwachsener Mensch mit sich selbst umgeht. Es kann sich nicht vorstellen, dass er so unbewusst mit vielen seiner Gefühle und der inneren Welt lebt und so viel Schutz nach innen und außen aufbaut.

Die meisten Therapien, die sich mit solchen Erfahrungen in der Kindheit beschäftigen, gehen davon aus, dass es um die Auseinandersetzung mit den Menschen geht, an denen das Kind gelitten hat. Man kann dabei sicher ein bisschen mehr Verständnis für den lieblosen Erwachsenen finden. In inneren Erfahrungen kann man jedoch nicht nur das Verhalten der anderen durchschauen, sondern man wird sich bewusst, das man sich bisher ganz ähnlich verhalten hat.

Das mag am Anfang schmerzlich sein, aber eigentlich nur deswegen, weil man es bisher genauso intensiv verdrängt hat wie der Erwachsene, an dem man in der Kindheit gelitten hat. Sätze wie »Ich will nie so sein wie mein Vater« oder »Meine Mutter ist mir total fremd, wir haben kaum etwas Gemeinsames« oder »Ich hasse meine Mutter« sind Aussagen über den Umgang mit sich selbst. Es ist ein starker Schutz gegenüber den »negativen« Gefühlen oder inneren Zuständen, die einem der andere Mensch nahe bringt.

Wir sind uns alle sehr ähnlich. Wir leiden nicht in erster Linie an unseren Gefühlen und Eigenschaften, sondern an dem unbewussten Umgang damit. Dass ein Erwachsener so lieblos, abweisend und aggressiv mit einem Kind umgeht, ist der Versuch, sich selbst nicht zu spüren. Ein lebendiges Kind berührt den Erwachsenen in seinen eigenen Gefühlen und inneren Zuständen. Wenn er die nicht kennt, nicht mag und sogar Angst vor ihnen hat, dann setzt er sich innen und auch gegenüber dem Kind zur Wehr.

Meistens spürt der Erwachsene dabei, dass er sich nicht richtig verhält und das Kind ins Leiden bringt. Das löst in ihm auch noch Schuldgefühle und Ängste aus, die er auch wieder unter Kontrolle bringen muss. So zerrüttet sich eventuell die Beziehung zum eigenen Kind, das er als Ursache seiner unangenehmen Zustände empfindet. Die millionenfache Tragödie in unserer Gesellschaft ist der unbewusste Umgang mit sich selbst. Der wird von einer Generation zur nächsten vererbt.

Für innere Erfahrungen heißt das: Die Beschäftigung mit den Menschen, die wir im Laufe des Lebens kennen gelernt haben, kann mitten in die eigenen Themen führen. Ein schwieriger Mensch bringt uns die unangenehmen, oft verdrängten Gefühle und innere Zustände nahe. Ein geliebter Mensch bringt uns zu den inneren Teilen, die wir suchen und nach denen wir uns sehnen.

So wie oben im Beispiel mit dem strengen Vater kann es wunderbare Erlösungen geben. Man öffnet sich den eigenen schwierigen Themen und erfährt bei der Gelegenheit, dass es die Zustände unserer Sehnsucht gleichzeitig in uns gibt. Der innere Vater ist der ideale, nach dem sich jeder Mensch sehnt. Es mag äußere Väter geben, die diesem Ideal nahekommen. Die eigentliche Erlösung findet jedoch im Inneren statt, wenn man erlebt, dass die eigene Väterlichkeit einen akzeptiert und liebt wie man ist und wie man war.

Ich weiß aus Tausenden von derartigen inneren Erfahrungen, dass es in uns eine bedingungslose Liebe gibt. Die kann uns ein äußerer Mensch nicht geben, weil jeder Mensch seine Grenzen hat. In einer Religion nennt man es vielleicht »die Liebe Gottes«.

Etwas Derartiges in sich selbst erfahren zu haben, ist ein unvorstellbarer Schritt ins Selbstvertrauen. Das können nicht nur einige wenige »Heilige« erleben, sondern alle, die den Mut haben, sich so zu erfahren wie sie sind. Zu wissen, dass man auf seinem Wege von innen geliebt wird und dass jeder Schritt auf dem eigenen Wege von innen gesehen richtig und sinnvoll ist, verändert die eigene Weltanschauung und den Umgang mit anderen Menschen und der ganzen Welt.

Wenn jemand in einer inneren Erfahrung an einen schwierigen Menschen aus seinem Leben kommt, muss er nicht nur verständig und liebevoll mit ihm umgehen. Bei dem inneren Kontakt mit dem strengen, kühlen und abweisenden Vater können auch Gefühle wie Hilflosigkeit, Aggression oder sogar Hass und Gewalt aufkommen. Auch zu denen kann man ermutigen. Denn es geht ja wieder nicht um den äußeren Menschen, den der Betreffende sieht, sondern um eine innere Gestalt, die so aussieht wie der äußere Mensch. Das ist ein grundlegender Unterschied, den man sich selbst immer wieder deutlich machen sollte, wenn man jemanden nach innen begleitet.

Ich ermutige niemanden, in der Begegnung mit dem äußeren Menschen Hass und Gewalt auszuleben. Dort gibt es Regeln und Gesetze, an die wir uns halten müssen. Innen ist es ganz anders. Dort ermutige ich, zum Beispiel zu sagen: »Vater, ich hasse dich. Ich will dich umbringen.«

Der Mensch kann seinen Hass und seine Gewalt ansprechen und sagen: »Ich lasse euch jetzt zu.« Und dann kann er mit der Gestalt in sich, die so aussieht wie der leibliche Vater, machen, was er will. Er kann sich auf sie stürzen, schlagen, treten, würgen, stechen oder schießen. Er kann in einen Rausch der Gewalt kommen, den Vater und dann vielleicht auch noch einige andere Menschen oder Gegenstände vernichten.

Oft hat jemand starke Angst und Schuldgefühle, weil er weiß, dass man so etwas nicht tun darf. Ich helfe ihm, indem ich ihm sage, dass er jetzt ganz in seinem Inneren ist und dort auch mit seinen starken aggressiven Energien Erfahrungen machen kann. Nach solchen Worten oder auch ohne sie fühlen die meisten Menschen eine große Erleichterung und starke Freude. Manchmal lachen sie minutenlang, wenn ich ihnen vorschlage, dem gerade erledigten Vater zu sagen: »Es geschieht dir recht. Das wollte ich schon immer machen.«

Selbst wenn ich in einer Gruppe andeute, wie schön es ist, innerlich jemanden in den Hintern zu treten, freuen sich alle. Auch die, die noch starke Angst vor diesen Kräften haben und vielleicht glauben, dass man auch im Geist so etwas nicht tun darf.

Aggressivität, Hass und Gewalt sind nach meinen Erfahrungen die schwierigsten Themen, weil man bei uns immer außen und innen verwechselt. So empfehle ich, sich auch persönlich in eigenen Erfahrungen immer wieder mit diesen Energien zu beschäftigen, um zu wissen, dass man innen offen mit ihnen leben kann. Erst dann wird es leichter, einen anderen Menschen zu solchen Erfahrungen zu ermutigen.

Ich versuche, bei einer inneren Begleitung den Menschen seinen Weg gehen zu lassen. Ich ermutige ihn daher, sich dem zuzuwenden, was er gerade spürt. Bei den Themen Aggression, Hass und Gewalt dränge ich jedoch manchmal, sich hinzuwenden und zu öffnen. Ich sage jedoch immer, dass er Nein sagen darf und ich dann auch aufhöre. So bitte ich manchmal jemanden, einen kleinen Versuch mit der Gewalt zu beginnen, um zu erleben wie es sich anfühlt. Und wenn jemand auf einen Menschen wütend ist, »hetze« ich manchmal ein bisschen, um die Wut zu schüren. Ich sage dann: »Es ist ja furchtbar, wie dieser Mensch mit dir umgegangen ist. Da musst du doch wütend sein.« Lässt sich der Mensch darauf ein, lernt er seine aggressiven Energien besser kennen. Kann er es nicht, dann bitte ich ihn zu sagen: »Wut, ich habe noch wenig Vertrauen zu dir. Ich ziehe mich jetzt zurück.« Auch dann spürt er Erleichterung.

Wenn jemand furchtbar in sich wütet, dann richtet er weder innen noch außen Schaden an. Er gewinnt Vertrauen zu seinen Energien. Wenn er die Gestalt, die so aussieht wie der strenge Vater, vernichtet hat, ist es ruhig und offen in ihm. Der Mensch atmet durch und fühlt sich befreit. Er kann sagen: »Freiheit, ich freue mich über dich.« Er hat sich von einem Bild befreit, das den Zugang zu seiner eigenen Männlichkeit und Väterlichkeit bisher ganz schwer, vielleicht sogar unmöglich gemacht hat. Immer wenn diese Kraft in ihm berührt wurde, dachte er an den strengen und abweisenden Vater. Er verwechselte innen und außen. Nach der Gewalttat ist der innere Raum offen für ein anderes Bild vom Vater. Oft bitte ich den Menschen in dieser Situation, nach innen zu fragen: »Innerer Vater, kannst du jetzt zu mir kommen?« Ganz häufig entwickelt sich eine väterliche Gestalt im Inneren, die wenig oder nichts mehr mit dem äußeren Vater zu tun hat. Manchmal kommt ein kraftvoller und liebevoller Vater auf ihn zu, den er schon lange ersehnt hatte. Er kann sich ihm anvertrauen und sagen: »Innerer Vater, nimm mich in deine Arme. Ich vertraue mich dir an.« Dann kann es ganz still werden. Manche weinen in dieser Berührung vor Erleichterung. Sie spüren Liebe und Angenommensein.

Wenn der innere Vater nicht von sich aus deutlich wird, kann der Mensch an einen Mann denken, den er gerne als Vater gehabt hätte. Manchmal ist es sogar der leibliche Vater in einer Situation, in der sich das Kind bei ihm wohl gefühlt hat. Wenn keine Gestalt entsteht oder sich vorgestellt werden kann, bitte ich den Menschen, nach innen zu bitten: »Innerer Vater, hilf mir, dich im Lauf der Zeit kennen zu lernen und mit dir vertrauter zu werden.« Dabei entstehen Ruhe und manchmal auch Zuversicht. Das ist eine Antwort von innen.

Wenn man sein Herz oder den inneren Vater, die innere Mutter, das innere Kind oder sonst eine angenehme Gestalt in sich gefunden hat, kann man sie bei schwierigen Erfahrungen mitnehmen und sie um Hilfe bitten. Wenn jemand zum Beispiel große Probleme mit der Hinwendung zu Aggression und Gewalt hat, kann er sein Herz oder eine andere innere Gestalt fragen: »Hast du Vertrauen zu meiner Aggression und meiner Gewalt? Kann ich sie in mir einfach ausleben?« Oft hört er dann zu seiner Verwunderung ein fröhliches Ja. So muss ich mich dann gar nicht bemühen, ihn dahin zu bringen.

Aggressiv und gewalttätig kann man mit allem Inneren umgehen. Es ist sehr erleichternd, auf ein Organ loszugehen, was einem

Leiden verursacht. Ich erinnere mich an eine Frau, die mehrfach zu inneren Erfahrungen zu mir kam. Vor allem ging es dabei um ihre Wirbelsäule, der es schlecht ging. Sie verursachte Schmerzen und Behinderungen. In den ersten inneren Begleitungen besuchte sie die Wirbelsäule, sagte ihr: »Wirbelsäule, du gehörst auch so zu mir. Hilf mir doch, mit dem vertrauter zu werden, was du mir nahe bringen willst.« Sie nahm die Wirbelsäule in ihre inneren Arme und ging liebevoll mit ihr um. Die Wirbelsäule freute sich und wurde ein bisschen weicher und stiller. In der dritten oder vierten Begleitung war die Frau genervt, als ich sie fragte, ob sie noch einmal zur Wirbelsäule gehe wollte. Wütend sagte sie: »Ich habe so viel für meine Wirbelsäule getan. Ich habe mit ihr gesprochen, habe ihr zugehört, habe sie behandeln lassen. Aber nichts hat sich verändert. Sie tut immer noch weh und behindert mich. Ich bin richtig wütend.« Ich sagte: »Dann sprich zu deiner Wut. Du kannst sagen: Wut ich lasse dich jetzt zu. Und dann machst du mit deiner Wirbelsäule, was du willst in deiner Wut.« Da brachen alle Dämme bei der Frau. Sie beschimpfte die Wirbelsäule ganz heftig, wurde immer wütender, ging zur Wirbelsäule, riss sie mit beiden Händen aus dem Rücken, zerbrach sie in viele Teile, zertrampelte die Bruchstücke zu Staub und schimpfte immer weiter. Es war wunderbar! Die Frau spürte ihre ganze Energie, die jetzt im Körper floss. Alles war warm und durchblutet. Der ganz Rücken war durchströmt. Aber er tat immer noch weh. Sie hatte ein paar Schuldgefühle, dass sie eben so brutal mit ihrer Wirbelsäule umgegangen war. Sie sprach die Schuldgefühle an und ging ziemlich ruhig, beglückt aber auch nachdenklich nach Hause. Zwei oder drei Wochen später rief sie mich an und erzählte, dass ihr Rücken ganz frei sei. Sie weinte vor Rührung. Ich vermute, dass sie sich in ihrer Gewalt genau den Energien geöffnet hatte, die sie bisher innen und auch in der Wirbelsäule blockiert und kontrolliert hatte. Natürlich war ihre Wirbelsäule durch die Gewalttat nicht geschädigt oder zerstört worden. Die Frau hatte ihre Gewalt auf der richtigen Ebene ausgelebt.

Aggression und Gewalt kommen im Inneren jedoch auch als Bedrohung zu einem. Man fürchtet dann, verletzt oder getötet zu werden, wenn man sich vor dieser Gewalt nicht schützt und sich nicht in Sicherheit bringt. Außen ist das wieder richtig. Dort muss man versuchen, der Gewalt zu entkommen. Innen jedoch nicht.

Was gibt es nicht alles für Bedrohungen in unserer inneren Welt! Da sind offene Feinde, zum Beispiel menschliche Gestalten, die einem auflauern, um einen zu verletzen, zu vergewaltigen oder zu töten. Da gibt es unerträgliche Gefühle wie Panik und Depression, die uns lebensunfähig machen. Da gibt es Monstertiere, die nur darauf warten, einen zu fressen. Da gibt es das Feuer, das einen vernichten will und das Meer, das einen ertränkt. Da sind furchtbare Waffen, die sich auf einen richten, um einen umzubringen. Und da sind die versteckten Bedrohungen, die zum Beispiel in der dunklen Tiefe auf einen warten.

Ich weiß, dass die meisten Ängste der Menschen nicht von außen kommen, sondern von solchen inneren Bedrohungen. Leider weiß kaum jemand bei uns, dass solche Kräfte im Inneren völlig harmlos sind. Man kann sie leben, und man kann sich ihnen ausliefern. Viele »psychisch kranke« Menschen leiden an diesen vitalen Energien, die sie fürchten und vor denen sie sich mit aller Gewalt zu schützen versuchen. Dabei werden sie in den meisten herkömmliche Therapien unterstützt. Oft versucht man, den Menschen durch Medikamente von solchen Energien und Bildern zu befreien.

Am Beginn meines inneren Weges bin ich mit solchen Bedrohungen sehr vorsichtig umgegangen. Denn auch ich hatte viele Ängste, die ich in verschiedenen äußeren Situationen immer wieder spürte oder die ganz unbewusst von innen kamen. So habe ich Menschen in einer Begleitung von der Bedrohung weggeführt. Je mehr ich Vertrauen zu mir gewann, um so leichter wurde es, andere Menschen zu ermutigen, sich einer Bedrohung zu nähern und mit ihr zu sprechen, um sie als etwas Inneres zu erfahren. Man kann dann auch sagen: »Bedrohung, ich spüre dich. Ich kann dich nicht ertragen und ziehe mich von dir zurück.«

Inzwischen weiß ich mit Sicherheit, dass ich weder mich noch den anderen vor inneren Bedrohungen bewahren muss. Ich bedränge niemanden, sondern weise darauf hin, dass er die Erfahrung abbrechen kann, wenn sie unerträglich wird. Aber wenn der Mensch sich darauf einlassen kann, dann gehe ich mit ihm, soweit er es zulässt. Ich freue mich immer, wenn ein Mensch an solche schwierigen Themen kommt, auch wenn es ihm am Anfang gar nicht gut dabei geht. Denn ich weiß, welch eine Erlösung entsteht, wenn der Mensch sich öffnet. (In meinem Buch »Bevor du sterben willst, lebe!« habe ich diese Themen in den Mittelpunkt gestellt und dort eine Reihe solcher Erfahrungen geschildert.)

Wenn also jemand in einer inneren Begleitung sich von einem (Höllen-)feuer bedroht sieht, dann ermutige ich ihn, dies Feuer anzusprechen und vielleicht zu sagen: »Feuer, du machst mir Angst. Ich kann dich gar nicht ansehen.« Er könnte sich dann bewusst schützen und es dem Feuer sagen. Wenn er will, kann er das Feuer jedoch auch näher kommen lassen oder zu ihm hingehen. Er könnte sagen: »Feuer, ich versuche jetzt, dir näher zu kommen.« Ich frage ihn, ob er sich dem Feuer anvertrauen oder gar ausliefern kann. Wenn es möglich ist, sagt er: »Feuer, ich liefere mich dir aus. Mache mit mir, was du willst. Angst, ich lasse dich jetzt zu.« Ich sage dann: »Wenn es dir unerträglich wird, sage Stopp und ziehe dich zurück.« Wenn der Mensch sich dann diesem gewaltigen inneren Feuer ausliefert, erlebt er immer, dass er es gut ertragen kann. Er hat keine Schmerzen, und auch wenn er sich im Feuer in Rauch und Asche auflöst, nimmt er keinen Schaden. Er kann sagen: »Feuer, ich kann dich ertragen.« Er ist gerade mit einer starken lebendigen Energie in sich vertrauter geworden. Die steht ihm jetzt friedlich zur Verfügung. Es ist wieder eine Erlösung. Wie viele unbewusste Menschen schützen sich ihr Leben lang vor solchen bedrohlichen Energien! Wie selten wird jemand ermutigt, sich dem zu öffnen!

Wenn man jemanden durch solche Erfahrungen begleitet und dabei selbst Angst spürt, sollte man sie leise in sich ansprechen und sie zulassen. Man kann dann entscheiden, ob man mit dem Menschen weiter gehen möchte oder nicht. Auch wenn man abbricht, macht man selbst und der andere eine richtige Erfahrung. Ich bin durch die vielen Begleitungen, die mich an meine eigenen Grenzen gebracht haben, zu dem großen Vertrauen gekommen, das ich jetzt lebe und weitergebe.

In diesen Beispielen sind viele Einzelheiten enthalten, die man in einer Einzelbegleitung verwenden kann. Man sollte sich immer selbst spüren und dann bewusst das tun, was man im Augenblick empfindet.

Ich höre immer wieder, dass jemand Angst hat, in einer Begleitung nicht weiter zu wissen und zu verstummen. Um eine Reise weiter zu führen, kann man einige neutrale Sätze benutzen, die man immer wieder einflechten kann. Man muss sich dabei nicht bemühen, originelle Formulierungen zu finden. Der Mensch macht ja seine interessanten inneren Erfahrungen. Dann ist es nicht wichtig, mit welcher Formulierung man ihn dazu bringt. Solche Sätze sind:

»Wie fühlst du dich jetzt?«
»Woran denkst du gerade?«
»Was möchtest du jetzt machen?«
»Wen möchtest du in dir besuchen?«
»Wie sieht es dort aus, wo du jetzt bist?«
»Was geschieht mit dir?«
»Wie fühlt sich dein Körper an?«
»Wie sieht es aus oder wie stellst du es dir vor?«
»Kannst du es noch ertragen? Dann sage es diesem Teil von dir.«
»Wie verhält sich dieser Teil von dir? Möchte er dir etwas sagen?«
»Frage diese Gestalt doch einmal, ob sie in dir ist?«
»Bitte die Gestalt, sich so zu zeigen, wie sie wirklich in dir ist.«
Um jemanden zu ermutigen, kann man ihn bitten zu sagen:
»Ich versuche, mich dir anzuvertrauen.«
»Ich vertraue mich dir an.«
»Ich liefere mich dir aus. Mache mit mir, was du willst.«
»Mache, was du willst.«
Wenn jemand Angst vor etwas hat, kann man fragen:
»Was könnte geschehen, wenn dieser Zustand noch intensiver würde?«
»Wenn du es erfahren willst, versuche, dich dem anzuvertrauen.«
»Du kannst dein Herz (oder eine vertraute innere Gestalt) fragen, ob sie mit dir dahin geht.«

Jemanden nach innen zu begleiten, ist eine wunderbare Möglichkeit, sich auf der Seelen-Ebene zu begegnen. Man gibt dem anderen die Gelegenheit, sich selbst zu erfahren. Gleichzeitig nimmt man sich die Möglichkeit, intensive eigene Erfahrungen zu machen, indem man sich von den Themen des anderen in sich selbst berühren lässt.

Der andere ist kein Patient, mit dem man etwas machen muss, damit es ihm besser geht. Man selbst hat vielleicht ein bisschen mehr Vertrauen nach innen, aber man ist kein Therapeut, der den anderen verändern muss.

Dass sich zwei Seelen gegenseitig berühren und bewusst unterstützen, ist bei uns ziemlich unbekannt. Es ist jedoch sehr menschlich. Früher hatte vielleicht die Großmutter in der Familie die Funktion, aus ihrer Lebenserfahrung den Jüngeren deutlich zu machen, dass jede Erfahrung zum Leben gehört. Die angenehme und erfreuliche, aber auch die schwierige und leidvolle.

So ist Dr. Klaus Lange zu erreichen:

Fax:	(040) 227 160 41 (kein Telefon)
Info-Telefon:	(040) 227 58 770 Hier gibt es eine ausführliche Ansage zu den Veranstaltungen und Terminen von Klaus Lange in Hamburg. Man kann auf den Anrufbeantworter seinen Namen und seine Anschrift sprechen, um aktuelle schriftliche Information zu inneren Erfahrungen auch in anderen Orten Deutschlands zu bekommen.
Internet:	http://www.klaus-lange-hamburg.de
e-mail:	innere-erfahrungen@klaus-lange-hamburg.de

Die Deutsche Bibliothek – CIP-Einheitsaufnahme
Ein Titeldatensatz für diese Publikation ist bei
Der Deutschen Bibliothek erhältlich

1 2 3 4 5 04 03 02 01 00

Ein Unternehmen der Dornier Medienholding GmbH
Postfach 80 06 69, 70506 Stuttgart, Tel. 0711-78 80 30
Sie erreichen uns rund um die Uhr unter www.kreuzverlag.de
Umschlaggestaltung: Atelier Reichert, Stuttgart
Satz: de·te·pe, Aalen
Druck und Bindung: Ebner Ulm
Die Schreibweise entspricht den Regeln der neuen Rechtschreibung.
ISBN 3 7831 1825 5